EXCURSION EN ITALIE

AIX-LES-BAINS, CHAMBÉRY
TURIN, NOVARE, MILAN, BRESCIA, VÉRONE
PADOUE, VENISE
MURANO, TORCELLO, LE LAC MAJEUR
LE LAC DE CÔME

PAR

ADOLPHE LANCE

ARCHITECTE DU GOUVERNEMENT

PARIS
A LA LIBRAIRIE D'ARCHITECTURE
BANCE, ÉDITEUR, 13, RUE BONAPARTE

1859

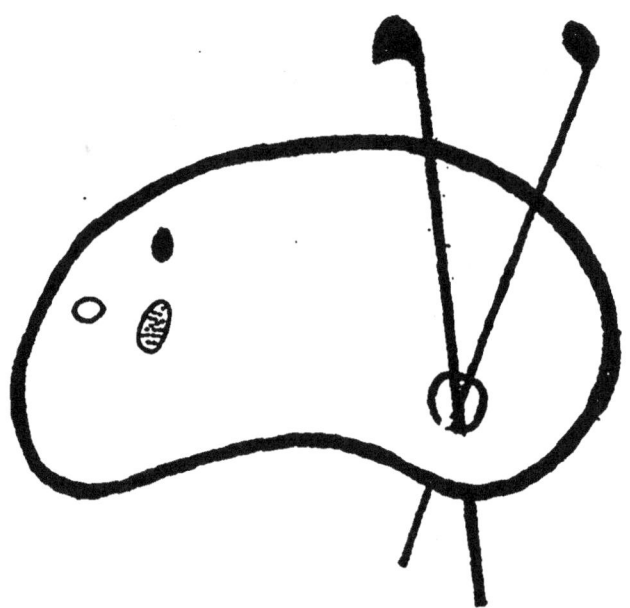

**COUVERTURE SUPERIEURE ET INFERIEURE
EN COULEUR**

PARIS
IMPRIMÉ CHEZ BONAVENTURE ET DUCESSOIS
55, QUAI DES AUGUSTINS.

A Monsieur Renan
*Membre de l'Institut, qui m'avait
fait l'honneur de me recommander
à M. l'abbé Valentinelli, bibliothécaire
de Saint-Marc;
un humble hommage*

EXCURSION
EN
ITALIE

OUVRAGES DU MÊME AUTEUR.

Encyclopédie d'Architecture, revue mensuelle; 9 vol. in-4. Paris, Bance, éditeur, 1851-1859. (Chaque volume est accompagné de 120 planches gravées exécutées sous la direction de M. Victor Calliat.)

Du Concours comme moyen d'améliorer l'état de l'architecture et la situation des architectes. Paris, 1848.

Acoustique et optique des salles de réunions publiques. Rapport présenté à la Société centrale des architectes et au nom d'une commission prise dans son sein. Paris, 1849.
(Extrait du *Bulletin* de la Société.)

Assainissement des habitations insalubres; Rapport présenté à la Société centrale des architectes. 2e édit. in-8 de 60 pag. Paris, 1850.
(Extrait du même *Bulletin*.)

Notice sur la vie et les travaux de M. Achille Leclère, architecte, membre de l'Institut; in-8. Paris, 1854.

Abel Blouet, architecte, membre de l'Institut. Sa vie et ses travaux. In-8. Paris, 1854.

Notice sur la vie et les travaux de M. Letarouilly, architecte. In-8. Paris, 1855.

Du diplôme d'architecte. In-8 de 54 pag. Paris, 1855.

Exposition universelle des beaux-arts; compte rendu des ouvrages d'architecture. In-8 de 92 pages Paris, 1855.

PARIS. — IMPRIMÉ CHEZ BONAVENTURE ET DUCESSOIS,
55, QUAI DES GRANDS-AUGUSTINS.

EXCURSION EN ITALIE

AIX-LES-BAINS, CHAMBÉRY
TURIN, NOVARE, MILAN, BRESCIA, VÉRONE
PADOUE, VENISE
MURANO, TORCELLO, LE LAC MAJEUR
LE LAC DE CÔME

PAR

ADOLPHE LANCE

ARCHITECTE DU GOUVERNEMENT.

PARIS

A LA LIBRAIRIE D'ARCHITECTURE
BANCE, ÉDITEUR, 13, RUE BONAPARTE

1859

AVIS AU LECTEUR

En me permettant de faire part au public artiste des souvenirs qui me sont restés de l'Italie, il me serait facile de dire ici que ces lettres n'étaient pas destinées à l'impression et qu'en les publiant je n'ai fait que céder aux sollicitations, aux prières, aux pressantes instances de mes amis. Mais cette petite comédie a été jouée tant de fois, et avec si peu de succès, en pareille circonstance, que je courrais le grand risque d'échouer à mon tour, comme tous mes devanciers. J'ai donc tout intérêt à déclarer franchement que mes amis sont innocents du fait et qu'en cas d'insuccès, ce n'est pas à eux qu'il faudrait s'en prendre, mais à moi-même.

Au surplus ces lettres ayant déjà paru dans l'*Encyclopédie d'architecture,* c'est lors de leur première publication dans cette Revue que j'aurais dû faire les réserves fausses ou vraies dont il s'agit ; il serait, dans tous les cas, trop tard aujourd'hui pour s'en aviser.

Voici la vérité : Lors de mon départ pour l'Italie, voulant me renseigner un peu sur les choses, nouvelles pour moi, que j'allais voir, j'éprouvai le besoin, que tout le monde comprendra, de me procurer un livre qui pût, à mon point de vue d'architecte, devenir mon compagnon de voyage et éclairer un peu le champ d'exploration qu'il s'agissait pour moi de parcourir. Or ce livre, qui doit être bien rare, s'il existe, il me fut impossible de le découvrir parmi les centaines d'in-folio et les milliers d'in-quarto qui traitent de l'Italie monumentale; force me fut donc de partir sans lui et de trier là-bas le bon du mauvais, Dieu sait au prix de combien de pas inutiles et de temps perdu !

C'est pour éviter à d'autres ces fausses manœuvres si regrettables dans des excursions faites un peu à la hâte, comme il arrive trop souvent aujourd'hui, que j'ai eu l'idée de mettre au net mes notes de voyage et de les publier dans la Revue en question, sous forme de lettres adressées à des amis, à des architectes qui ne connaissent pas encore l'Italie. Puis, cette Revue étant aussi un de ces volumineux recueils qui sont condamnés forcément à une existence sédentaire, on a eu l'idée de réduire la chose à une plus simple expression ; de là, cher lecteur, l'in-octavo qui est sous vos yeux.

On le voit donc, si au lieu d'être une sorte d'indicateur susceptible d'être consulté en courant, faute de mieux, ce livre n'est rien qui vaille, tant pis pour moi puisque, en confessant ici la préméditation, je me prive dans l'avenir du bénéfice des circonstances atténuantes.

Au surplus, je sais de reste que ce volume manque d'un attrait bien puissant, je veux dire quelques planches gravées qui eussent élucidé certaines descriptions qui, faute de ce complément, resteront peut-être un peu obscures; mais d'abord les bons graveurs se font payer très-cher, ensuite, bien que cette première raison puisse suffire, la gravure est devenue, en fait d'architecture, à peine tolérable depuis l'invention de la photographie; enfin, modestie à part, *illustrer* un pauvre petit volume comme celui-ci, c'eût été prêter trop complaisamment le flanc à la critique et vouloir absolument se faire moquer de soi. Sans doute il me restait alors la ressource de glisser par-ci par-là, entre deux phrases, quelques croquis au trait, gravés sur bois et intercalés dans le texte; mais cela non plus n'était pas sans danger pour l'auteur et vous allez le comprendre : ces arguments graphiques, si clairs, si concluants lorsqu'ils arrivent à propos au secours de la parole, ces arguments, dis-je, n'osent plus se produire au grand jour depuis que M. Viollet-le-Duc a rendu le métier impossible en répandant partout, dans ses ouvrages, mille et mille petites merveilles en ce genre, lesquelles ont le grand défaut, je ne crains pas de le dire publiquement à cet éminent artiste, d'être autant de points de comparaison fort désobligeants pour ses confrères.

Je ne recommande pas ces pages à l'indulgence des gens de lettres puisque, émanant d'un artiste et non d'un écrivain proprement dit, elles ne sont pas, Dieu merci! justiciables de la critique littéraire. Cependant je souhaite que personne n'oublie qu'il ne s'agit ici que d'une sorte de cahier de renseignements, crayonnés à la hâte et sans prétention par un architecte.

A. L.

EXCURSION EN ITALIE

I

A. M. P. Abadie, architecte.

Aix. L'Arc de Campanus. Le Temple de Diane. L'église.— Chambéry. La cathédrale. Le château. La colonne de Boigne. Les coteaux de la Haute-Savoie. La vallée de Maurienne. Le Mont-Cenis. Suse.

Muni de l'excellent *Itinéraire* de M. Du Pays et du charmant livre de M. Théophile Gautier, *Italia*, je partais le 26 juillet dernier[1], à huit heures du soir, comme un fidèle musulman se rendant à la Mecque, pour accomplir ce pèlerinage obligé de tout artiste qui se respecte : un voyage en Italie. J'allais donc enfin voir passer du domaine de la fiction dans celui de la réalité ce rêve doré de notre jeunesse, dont les séductions sont assez puissantes pour persister jusqu'à

[1] Juillet 1858.

notre âge mûr, comme j'en suis la preuve. Tâchez de deviner, mon ami, à quelles émotions diverses j'étais en proie au moment solennel du départ, car maintenant que ces émotions sont passées et qu'elles ne doivent plus renaître, il me serait impossible de les analyser. Sachez seulement qu'à cela près de quelques doutes qui s'étaient glissés, je ne sais comment, dans mon esprit,—le doute respecte si peu de choses, hélas!—je me sentais encore dans le cœur une dévotion très-vive pour les merveilles inconnues qui m'attendaient là-bas et que je devais bientôt, heureux mortel que j'étais alors! pouvoir enfin toucher du doigt.

A l'embarcadère du chemin de fer de Lyon, j'eus le plaisir de rencontrer nos confrères Cendrier et Achille Lucas, qui se rendaient, je crois, à Mâcon, et dont la compagnie me fut d'autant plus agréable que le premier connaissant de longue date l'Italie, je pus ressasser encore avec lui, pendant la route, un sujet dont j'étais si plein, que je n'eus pas l'esprit de m'apercevoir que c'était au prix de son sommeil que mon obligeant compagnon de voyage voulait bien évoquer pour moi ses souvenirs de Milan et de Venise. Qu'il veuille bien en agréer ici mes excuses.

A Mâcon, je quittai nos chers confrères et la ligne de Lyon pour me diriger, toujours glissant sur des rails, vers Culoz, où je pris le bateau à vapeur pour traverser le lac du Bourget, ce *lac tremblant* immortalisé par la muse de Lamartine. Le lac du Bourget, ni trop grand, ni trop petit, et dont les eaux si limpides sont teintes du plus pur cobalt, me paraît réaliser par sa couleur et ses heureuses proportions le beau idéal de ces petites méditerranées en miniature. Je le préfère à son voisin, le lac de Genève, qui, par ses dimensions exagérées et ses semblants de tempêtes, se donne parfois le ridicule dont creva la grenouille de la fable.

Je pourrais au besoin, mon cher ami, écrire ici tout un chapitre sur les édifices anciens et modernes élevés sur les bords du lac où nous voguons de conserve, vous et moi, dans ce moment-ci, et notamment à propos des restes d'un château du XIIIe siècle, dont la plus grande gloire est d'avoir vu naître je ne sais quel haut et puissant seigneur savoyard; mais ce château, je ne l'ai vu que dans ma lorgnette, et c'est trop peu. Je pourrais encore vous parler de l'abbaye de Hautecombe, lieu de sépulture d'une suite de princes de la maison de Savoie, où l'on admire, dit-on, un certain groupe d'anges en marbre blanc, du sculpteur milanais Cacciatore ; je pourrais même vous conduire à la fontaine des *Merveilles*, « dont la nymphe capricieuse ne dispense pas ses faveurs à tout venant (ce qui veut dire qu'elle est intermittente); mais tout cela me fut tellement vanté sur le pont du bateau à vapeur et à Aix même par les touristes et les ciceroni, que je crus prudent de m'abstenir à cet endroit, et que je quittai le pays sans avoir fait connaissance avec ces curiosités, selon moi trop célèbres. Imitez ma réserve en pareille circonstance, et vous aurez rarement à vous en repentir.

Après deux heures d'une promenade charmante, trop courte cependant pour qu'on ait le temps d'admirer comme elles le méritent les belles montagnes qui encaissent le lac, on arrive à Saint-Innocent et à la douane sarde, qui, pour se montrer moins curieuse et fouilleuse que nos douanes françaises, n'en est pas moins, en définitive, l'occasion d'un dérangement et d'un ennui ; puis une locomotive vous reprend là et vous conduit en quelques tours de roue à Aix.

Aix m'ayant été recommandée pour ses antiquités romaines, je crus devoir y planter ma tente jusqu'au lendemain. Mon premier soin fut de me faire conduire à l'arc antique, qui orne aujourd'hui la cour d'une maison particulière. Situé à égale distance des deux sources et probablement construit sur une voie des Thermes, dont on retrouverait peut-être des vestiges en faisant quelques fouilles, ce petit monument, d'ordre dorique et élevé par Lucius Pompéius Campanus, fut dédié par lui à différents membres de la famille Pompéia. Les inscriptions qui conservent le souvenir de cette dédicace, gravées en beaux caractères sur l'attique, la frise et l'architrave, sont encore aujourd'hui parfaitement lisibles. Quant aux dimensions de l'édifice, elles sont assez restreintes, puisque l'ouverture de l'arc n'a guère que trois mètres de largeur; cependant cette ruine, très-noire et très-fruste, se distingue par une certaine grandeur relative, qu'elle emprunte évidemment aux bonnes proportions de son ordonnance.

Une autre ruine romaine encore debout à Aix, c'est un temple de Diane, dont la largeur est de dix mètres environ, mesurée intérieurement, et la longueur totale de quatorze mètres, y compris six pour la *cella*. Il me paraît impossible, mon cher ami, de vanter ici les beautés absentes de cette construction massive, sur laquelle est venu irrévérencieusement s'accouder, au xve siècle, un donjon de style médiocre, et que flanque sans façon, du côté de l'ouest, la maison curiale. Moyennant quelques sous je pus pénétrer dans ce sanctuaire, devenu, à l'aide de quelques planches mal jointes, c'est le cas de le dire, la salle de spectacle de l'Aix moderne, quand une troupe ambulante vient à passer par là. Vous n'avez pas l'idée, mon cher ami, de l'aspect misérable de ce théâtre, dont les murs seraient littéralement nus, si les araignées n'y mettaient bon ordre. D'honnêtes païens seraient profondément indignés de voir ainsi installés dans le temple de la chaste fille de Jupiter des tréteaux branlants destinés aux plus infimes cabotins ; mais de bons chrétiens comme vous et moi doivent plaindre, hélas! les malheureux qui, pour un peu de pain, sont obligés de venir *agiter les grelots de la Folie* dans un pareil bouge.

De la maison curiale à l'église il n'y a qu'une enjambée, et c'est heureux, car on perdrait ses pas s'il fallait aller loin pour voir ce triste édifice, enlaidi encore par ses grisailles figurant, Dieu sait comment! une ornementation quelconque sur les parois intérieures des voûtes. La grisaille, au surplus, est fort en honneur à Aix; on en a la preuve en flânant dans les rues de cette antique cité, où le regard est sans cesse provoqué par des exemples de ce genre de décoration. Les corniches et les pilastres, les chambranles et les couronnements de croisées de la plupart des maisons, ne sont qu'autant de plates et insipides peintures de cette espèce, toutes plus laides les unes que les autres.

D'où vous pouvez conclure, mon cher ami, que ce ne sont pas les monuments antiques ou modernes de l'architecture qui attirent les touristes à Aix. Mais en revanche, cette bourgade se trouve plantée au milieu d'un paysage si admirablement réussi, qu'elle peut, à la rigueur, se passer des moellons plus ou moins bien taillés des architectes. Je me souviendrai toujours du beau spectacle qui s'offrit à mes yeux lorsque, tournant le dos à la ville, je parvins, après une promenade d'une demi-heure environ, au sommet d'une colline verdoyante dont le flanc opposé, taillé à pic, encaisse le lac à cet endroit. Arrivé là, on trouve une jolie pelouse ombragée qui vous invite au repos; j'y fis halte, ayant à trois pas de moi un précipice au fond duquel le lac étendait la magnifique nappe de ses eaux bleues, et en face, à l'autre bord, la chaîne des Alpes dauphinoises, qui limitent de ce côté la vallée d'Aix. Figurez-vous cette suite gigantesque de montagnes aux tons sombres et mats, aux contours tantôt brutalement déchiquetés, tantôt mollement onduleux; figurez-vous, dis-je, cette masse haute de douze ou quinze cents mètres, s'enlevant en vigueur sur des amas de nuages chassés de l'ouest, lesquels, grossièrement modelés par les vents capricieux, sont rougis dans leurs parties les plus transparentes par le soleil à son déclin, et dites-moi si, même en la supposant jolie, l'église d'Aix pourrait soutenir honorablement une aussi rude concurrence. Notez bien que j'eus encore la chance de voir s'assombrir le tableau : de lumineux qu'ils étaient, les nuages, en s'avançant, devinrent gris, violacés et opaques ; ils s'agitèrent davantage, se heurtant et se bousculant avec une sorte d'activité inquiète, menaçante; le tout au bruit du tonnerre, qui grondait sourdement dans la direction de la Bresse et dont les éclairs m'avertirent qu'il était temps de battre en retraite, ce que je fis sans vergogne aucune. J'étais de retour à Aix et parfaitement à l'abri sous le velum qui couvre la terrasse de l'hôtel Royal, lorsque les nuées en question crevèrent pour le plus grand bien de ce beau pays, qui avait alors un urgent besoin d'être arrosé.

Pardon, mon cher ami, je reprends mon rôle d'architecte, que j'avais un peu oublié, et sans m'amuser plus longtemps aux bagatelles de la route, je vous conduis tout droit à Chambéry.

Chambéry, avec les deux rivières qui l'arrosent, avec ses voies publiques bien percées, sa grande rue à portiques et *le Verney*, sa fameuse promenade, constitue ce qu'on appelle vulgairement une jolie petite ville. Jolie, soit, mais j'en connais qui passent pour laides et qui sont à beaucoup d'égards plus intéressantes. Cette capitale de la Savoie possède pourtant un curieux échantillon de sacristain dont je n'ai rencontré le pendant nulle part, c'est celui de la cathédrale. A peine avais-je eu le temps de parcourir cet insignifiant édifice et d'être choqué de la laideur des sujets bibliques et autres agréments, peints en grisaille, qui décorent les travées de la nef, qu'il vint à moi, non avec le traditionnel sourire que vous savez, mais froidement et ses clefs à la main pour m'avertir qu'il allait fermer les portes. Avez-vous jamais rien vu de pareil? Le curieux de l'histoire, c'est que ni mes prières, ni mes supplications, ni mes menaces, ni même l'intervention de mon porte-monnaie, argument toujours si puissant en pareil cas, rien ne put fléchir ce Cerbère, qui pour toute réponse, se disposait tranquillement à m'incarcérer dans le temple dont il défend si bien l'entrée. Avoir pour prison, — et pour un temps limité, d'ailleurs, — l'une ou l'autre de nos belles cathédrales françaises, passe encore, mais j'avoue qu'à l'idée d'être retenu captif dans un lieu si peu attrayant au point de vue de l'art, entre ces murs froids et nus, au milieu de ces chapelles sombres et vides, j'eus peur; je confesse que je me hâtai de quitter les dalles inhospitalières de cette église et d'obtempérer avec empressement aux ordres de ce quasi-geôlier.

Vous voyez, mon cher ami, que si le sacristain obséquieux et vénal est la règle, il y a à cette règle au moins une exception.

De la cathédrale je me rendis au château, lequel domine la ville et appelle ainsi forcément le regard.

Parmi les bâtiments plus ou moins modernes composant cette résidence royale, une grosse tour à mâchicoulis bâtie au XIIIe siècle se fait remarquer par sa physionomie un peu sombre, quoique française, et les lignes sévères de son architecture. La chapelle de ce château, élevée au XVe siècle et probablement par ce duc de Savoie que le concile de Bâle fit pape sous le nom de Félix V, présente d'une façon pittoresque à la ville son abside percée de cinq fenêtres ogivales que remplissent des vitraux du XVIe siècle. Un soubassement de toute la hauteur du terre-plain sur lequel elle est assise, en doublant la dimension verticale de cette chapelle, lui donne un certain élancement qui n'est pas sans élégance et que son ordonnance d'ailleurs ne dément pas. L'intérieur de l'édifice a subi quelques modifications; le XVIIe siècle est venu substituer aux culs-de-lampe primitifs des retombées des arcs ses anges bouffis et ses cartouches à enroulements; il a fermé la nef inachevée par un portrait en style des jésuites qui jure bien un peu, je l'avoue, avec les ogives du XVe siècle, mais qui appartient au rococo le plus ronflant, le plus grassouillet, le mieux réussi qu'on puisse rêver. La grisaille joue encore là son vilain rôle : indépendant des voûtes qui ont eu à subir ses outrages, le soubassement du chœur a été décoré de fausses draperies que surmontent de faux saints dans leurs fausses niches, le tout paraissant être l'œuvre d'un faux peintre.

J'aurais dû vous parler d'abord de la fontaine monumentale élevée sur une des places de la ville à la mémoire du célèbre Leborgne de Boigne, ce général d'aventure qui fit aux Indes, dans le dernier siècle, une si grande fortune politique et pécuniaire. La *colonne de Boigne* (car c'est une colonne), cousine germaine de celle de notre place du Châtelet, repose sur un piédestal flanqué sur chacune de ses faces d'un avant-train d'éléphant en bronze, lequel piédestal a pour couronnement quatre trophées d'armes de même métal, aussi plats, aussi roides què ceux fabriqués sur toile par l'entrepreneur de fêtes Godillot. La statue du général, qui surmonte le chapiteau de la colonne, est des plus médiocres, et les ornements imaginés pour enjoliver l'architecture qui fait le fond du tableau n'appartiennent à aucun style. Au point de vue de l'art, il faut le dire, ce petit monument, très-célèbre et très-vanté à Chambéry, ne saurait donner une haute idée du goût savoyard.

Ce qui m'a paru le plus remarquable dans la capitale de la Savoie, ce sont les souches de cheminée. Ces appendices se dressent sur les toits comme autant de petits édicules d'où la fumée s'échappe non par une unique ouverture béante, mais à travers des vides ménagés à cet effet vers l'extrémité de leurs parois verticales. Ces têtes de cheminées, couvertes pour empêcher l'eau du ciel de pénétrer dans l'intérieur, présentent, comme dessin, dans tous les petits ajours ménagés entre les briques, une foule de combinaisons géométriques quelquefois très-heureuses, qui m'ont rappelé, quoique de loin, les charmants exemples de mitres en terre cuite recueillis par notre cher confrère Millet et donnés par lui à la *Revue de l'architecture*. Si nous n'étions pas routiniers, il me semble qu'il y aurait là pour nous, architectes, une question de caminologie dont l'étude pourrait être très-intéressante. Il est vrai que c'est d'après ce même principe qu'étaient établies les cheminées en France, au moyen âge, et que nous semblons tous l'ignorer.

Je dois aussi une mention particulière à quelques jolies grilles d'imposte en fer forgé et tôle que j'ai découvertes à Chambéry dans les rues Juiverie et du Sénat. Ces grilles, très-bien travaillées, donnent une idée avantageuse de l'art du serrurier aux xvie et xviie siècles; quelques-unes d'entre elles mériteraient même, si ma mémoire ne me trompe pas, les honneurs de la publication.

Il va sans dire, mon cher ami, que je pus quitter Chambéry sans beaucoup de regrets. J'en fus bientôt consolé, d'ailleurs, par les beautés naturelles des contrées que j'avais à parcourir pour me rendre à Saint-Jean-de-Maurienne. La voie de fer étant nécessairement établie au fond des vallées, il en résulte qu'on se trouve toujours emporté par la vapeur entre deux chaînes de montagnes qui semblent lutter de magnificences; véritable supplice pour l'infortuné voyageur emprisonné dans une case de waggon, et qui n'a pas sur ses épaules une tête de Janus avec deux faces opposées l'une à l'autre, pour voir de deux côtés à la fois.

La première partie du voyage se fait à travers d'admirables campagnes présentant cette curieuse particularité que leurs étroites vallées, ravagées par les torrents qu'improvise la fonte des neiges, sont en partie abandonnées par le cultivateur qui s'est emparé là des montagnes et les a bon gré mal gré fertilisées. C'est un spectacle bien intéressant que celui de ces masses gigantesques dont le flanc jadis stérile est aujourd'hui zébré jusqu'au sommet d'une infinité de petites cultures aux tons clairs, s'alternant avec les broussailles vert sombre des parties abruptes; je vous assure qu'en y réfléchissant un peu on se sent saisi d'admiration pour cette chétive créature qu'on appelle l'homme, et qui peut ainsi par sa volonté puissante et ses labeurs opiniâtres féconder de ses sueurs ces monstrueux escarpements de granit.

Après deux heures de course environ, les riants coteaux de la Haute-Savoie ont disparu, et l'on entre dans la vallée de Maurienne, défilé de rochers arides d'un dessin très-grand, mais presque sans modelé, et dont les différents plans, brutalement anguleux dans leurs lignes verticales, prêtent à cette nature sauvage un caractère de violence et de dureté qu'on ne saurait dire. Les rares pentes, accessibles ou non, de ce chaos de montagnes sont hérissées de pins rabougris bien à plaindre, ma foi, d'être condamnés à la maigre pitance que leurs racines doivent trouver là. Cette vallée, qu'un ciel couvert et brumeux assombrissait encore, devient parfois si resserrée qu'elle se réduit sur certains points à un simple goulot suffisant à peine pour le passage de cette étroite rivière de l'Arc que l'on côtoie pendant quinze ou vingt lieues au bruit incessant de ses eaux, qui roulent avec impétuosité dans un lit jonché de débris granitiques.

Ai-je besoin de vous dire, mon cher ami, que l'art, cette fleur des doux climats, n'a jamais pris racine dans ces parages magnifiques, mais inhospitaliers? Je dis jamais, parce que je n'ai aperçu nulle part ni sur les premiers plans, ni dans les lointains des mille perspectives, si belles pourtant, qui me charmèrent pendant cette phase de mon voyage, aucune trace quelconque d'architecture appartenant au passé;

quant aux seuls édifices modernes qu'on rencontre, les églises des villages,— et je n'en excepte pas celles de la Haute-Savoie, — ce sont de tristes granges surmontées d'une sorte de pigeonnier couvert en fer-blanc (probablement destiné à loger les cloches); lesquelles granges sont de la plus insignifiante laideur.

On quitte la voie de fer à Saint-Jean-de-Maurienne, où des diligences reprennent les voyageurs pour les transporter à Suse. Entre Saint-Jean et Modane l'océan de nuages qui flottait pesamment au-dessus de nos têtes, troué tout à coup de place en place par quelque courant contraire, ami du voyageur, nous permit d'apercevoir les premières cimes neigeuses de la grande chaîne des Alpes se découpant sur le bleu du ciel. Je ne saurais vous dire avec quel vif sentiment de plaisir je saluai le spectacle, nouveau pour moi, de ces pics argentés, resplendissants de lumière dans leur région sereine, tandis que l'épais rideau de nuages que vous savez projetait son ombre obscure sur la vallée marécageuse de Maurienne, où la pluie commençait à tomber.

De Modane jusqu'au pied du mont Cenis, je ne me souviens plus que d'une pluie battante telle qu'on n'apercevait guère que les premiers plans des montagnes les plus rapprochées, les parties fuyantes ayant disparu dans le voile humide qui nous enveloppait de toutes parts. A Lans-le-Bourg, où l'on est déjà parvenu à une hauteur de neuf cents mètres au-dessus de la petite ville de Saint-Jean, notre attelage fut renforcé de huit ou dix mules, et l'ascension du mont Cenis commença. Il était dix heures du soir, et bien que la lune fût dans son plein, les nuages épais et noirs qui nous crevaient sur la tête cachaient si bien les pâles rayons de « la blanche Phébé » que la nuit était des plus obscures. Ajoutez à cela que forcé de tenir closes les glaces de la voiture, que fouettait de toutes ses forces la pluie chassée par le vent, je n'apercevais plus que comme des ombres incertaines les quadrupèdes qui nous traînaient. Je passai là, je l'avoue, trois ou quatre heures fort ennuyeuses, n'ayant pour toute distraction que les ronflements de mon voisin de coupé, le tintement des clochettes de nos mules et les *hue!* monotones de leurs conducteurs. Mais toutes ces petites misères n'étaient rien encore comparées à l'amer désappointement que j'éprouvais en songeant que je n'étais plus qu'à deux pas de l'Italie, et que c'était par une véritable nuit de novembre, que le 28 juillet j'allais mettre le pied sur cette terre tant vantée des nuits douces et sereines.

J'en étais là de mes réflexions lorsque la voiture s'arrêta et qu'un bruit inaccoutumé de pas et de voix, succédant à celui des clochettes, m'appela à l'une des portières; heureux moment! nous étions arrivés au point culminant de la route et il ne pleuvait plus! A notre droite, nous avions ce grand lac creusé dans le plateau de la montagne; à gauche, la maison des frères hospitaliers, et devant nous la route par laquelle il nous fallait alors redescendre les deux mille mètres que nous venions si péniblement de monter.

Ce passage du mont Cenis est, comme on le dit avec raison, un monument des plus remarquables. J'avais surtout entendu vanter la hardiesse du tracé de la route, mais avec tant de points d'exclamation, que j'avais cru devoir faire la part de l'enthousiasme; eh bien ! j'avais tort, car cette hardiesse à laquelle je n'osais croire va quelquefois là jusqu'à la témérité. Figurez-vous la pente la plus escarpée d'un de ces blocs formidables, sillonnée en zigzag d'un étroit évidement pratiqué dans le roc, et représentez-vous une diligence dégringolant cette montagne russe avec une vitesse de quatre lieues à l'heure; figurez-vous cela et dites-moi franchement si aux tournants de cette route impossible vous ne vous verrez pas quelquefois, en imagination, culbutant, vous, les chevaux et la voiture dans l'affreux abîme qui est là béant sous vos pieds? J'avoue, pour mon compte, que l'image de cette culbute me poursuivit pendant toute la première demi-heure de cette descente des nues ; cependant, comme au total cet exercice acrobatique est plus effrayant que dangereux, non-seulement on finit par s'y faire, mais cela devient même un très-vif plaisir qu'on voudrait pouvoir faire durer plus longtemps. C'est du moins ce que j'éprouvai.

Avant de finir, j'ai à faire une réparation d'honneur, et je vais m'acquitter de ce devoir. Je vous ai dit combien, en gravissant le mont Cenis, j'avais rougi pour l'Italie de l'horrible temps qu'il faisait sur sa frontière; comme je serais désolé de voir se ternir par ma faute la bonne réputation atmosphérique de cette contrée hospitalière, je dois reconnaître que j'en fus pour mes frais de rougeur. A peine notre équipage avait-il commencé à descendre le versant oriental de ces hauteurs alpestres, que les nuages se dissipèrent comme par enchantement et que la lune put nous protéger de sa douce clarté, si chère au voyageur. Vers dix heures du matin, je m'étais accoudé sur l'appui d'une des portières ouvertes pour savourer en gourmet le plaisir, assaisonné d'un peu de terreur, que j'éprouvais à franchir l'espace dans un véhicule rasant avec tant d'insolence, de mépris et de bonheur la limite mortelle des précipices; eh bien ! chose incroyable, après avoir été obligé une heure auparavant de lever les glaces de la voiture pour m'abriter d'un vent froid et d'une pluie diluvienne, je me vis de nouveau forcé de recourir au même moyen pour n'être pas aveuglé par les nuages de poussière que les pieds des chevaux, résonnant sur un sol sec et poudreux, faisaient voler à chaque pas. En un mot la nuit était devenue tiède et sereine, comme il convient à une nuit italienne, et je rentrais ainsi, comme par miracle, en possession d'une illusion que j'avais cru perdue.

A trois heures, nous arrivions à Suse. Je ne saurais vous dire avec quel empressement avide, avec quelle joie d'enfant je dévorai curieusement des yeux cette petite ville encore endormie, qu'éclairaient à peine les pâleurs de l'aube naissante. Les blanches maisons à portiques, les *loggie* encore garnies des siéges et des fleurs de la veille, les toits plats et saillants couverts en briques creuses, les tonnelles ombragées de pampres, tout ce qui caractérise comme dessin et comme couleur ces fabriques italiennes, qu'on connaît si bien sans les avoir jamais vues, rien ne manquait à ce tableau, pas même, et cela va sans dire, ces inscriptions, ces enseignes qui me jetaient au passage leurs mots aux douces consonnances, et dont je me plaisais à me faire l'écho comme pour bien me convaincre que je ne rêvais pas.

N'ayant séjourné à Suse que dix ou quinze minutes,

tout au plus, je ne puis parler ni de l'arc antique qui atteste son origine romaine, ni de sa cathédrale du xii⁰ siècle, qu'on dit être une église intéressante ; je n'ai vu que l'ombre incertaine de cette petite ville gracieusement couchée aux pieds des Alpes, et pourtant cette ombre est restée un de mes plus charmants souvenirs.

Deux heures plus tard la vapeur m'avait conduit à Turin, où, après avoir vu le soleil sortir des Alpes éclatant et radieux, j'arrivai à cinq heures par la plus belle matinée imaginable.

II

A M. Pérodeaud, architecte.

Turin. La via Dora-Grossa. Le palais des Tours. La cathédrale. La Superga. Le palais de l'Académie des Sciences. Le Corso del Re. Les cheminées de Turin et les fumistes.

Quand on a vu Manheim, « la ville la plus régulièrement bâtie de toute l'Allemagne, » disent les *Guides*, mais aussi la plus ennuyeuse, il est impossible de se faire une idée riante de Turin, dont le plan, calqué sur celui de la cité badoise, offre la disposition géométrique d'un vaste damier ; aussi étais-je fort mal prévenu en faveur de cette ville italienne, coulée en pierre dans une sorte de grand moule à gaufres. Heureusement j'avais compté sans la différence de latitude qui existe entre le Piémont et le grand-duché de Bade. A Manheim, toutes ces rues tirées au cordeau et se coupant à angle droit impriment à la ville une monotonie froide et sèche qui n'est pas possible, en effet, dans un pays de soleil auquel les rayonnements lumineux et les ombres fortement accentuées prêtent naturellement une coloration vive et réjouissante.

A Turin donc, la ligne droite, si chère aux édiles et qui semble être pour eux le plus court chemin du beau idéal, ne joue pas, Dieu merci! le premier rôle; c'est la couleur qui domine. Sans doute cette régularité de lignes a le tort, ici comme là-bas, d'être l'ennemie de l'imprévu et du pittoresque; mais, en revanche, elle a le mérite d'allonger indéfiniment les perspectives, ce qui est précieux quand ces perspectives sont intéressantes. Or, ce mérite, j'ai pu le constater à Turin pour la *Via Dora-Grossa*, qui traverse la ville du couchant au levant et relie la *Piazza Castello* à la porte de Suse. Cette rue, dont les deux lignes de façades symétriques fuient à perte de vue dans la direction des Alpes, qu'on aperçoit se dessinant à l'une de ses extrémités, cette rue, dis-je, est du plus bel effet en ce genre. L'architecture de la rue de Dora-Grossa, d'une ordonnance assez peu ambitieuse, ne se recommande pas par la pureté de son style, puisqu'elle appartient au xviiie siècle; elle est de plus très-simple d'ornementation et sans variété aucune; cependant j'ai vu peu de voies publiques d'un aspect aussi satisfaisant, et je n'en connais pas dont l'ensemble m'ait paru plus attrayant à tous les égards.

Il faut surtout la voir comme je l'ai vue, par une belle matinée, quand le soleil, inondant de lumière le côté de cette rue qui lui fait face, plonge dans une demi-teinte blonde et lumineuse le côté opposé. Toute la vie apparente, toute l'activité démonstrative et un peu bavarde de la population turinaise s'est réfugiée dans la région tempérée de l'ombre limpide et tiède; c'est alors un spectacle amusant que celui de ces citadins allant et venant à je ne sais quelles affaires ou quels plaisirs, s'arrêtant à chaque pas, les uns pour s'approvisionner auprès des marchands ambulants dont les cris retentissent sans cesse et se mêlent confusément, les autres pour échanger quelque plaisanterie qui les met en belle humeur. Des ecclésiastiques en culotte courte et en soutanelle de soie, coiffés du tricorne obligé et la canne à la main, sont en grand nombre, mêlés à cette foule où tous les rangs se confondent avec un laisser-aller et une bonhomie inconnus chez nous. Les boutiques, qu'une ample portière d'étoffe légère à larges rayures clôt hermétiquement du côté exposé au soleil, sont ouvertes à l'ombre et deviennent, pour tous ces gens que rien ne presse ni ne gêne, un lieu de rendez-vous et de repos où chacun s'établit à son aise avec aussi peu de façons que chez soi. Aux étages supérieurs des maisons les balcons en saillie sont, pendant le soleil, ombragés par des tendines flottantes qui enveloppent de leurs plis jusqu'aux balustrades en fer forgé, et forment ainsi une sorte de réduit impénétrable à la chaleur; mais dès que l'ombre est arrivée, ces toiles, habilement manœuvrées, remontent en se repliant sur elles-mêmes et découvrent ainsi sur les balcons, à chaque fenêtre, une infinité de petites réunions intimes, installées en plein air, où figure toujours la jeune femme penchée sur quelque travail d'aiguille et lorgnant les passants du coin de l'œil.

Puis la scène change, et c'est chose curieuse que de voir la foule de tout à l'heure se resserrer, se condenser et enfin disparaître au fur et à mesure que le soleil monte et que l'ombre projetée sur le sol pavé de petits galets noirs, qu'on prendrait pour un banc de moules, se rétrécit et disparaît elle-même. Alors la rue, inondée pour quelque temps d'une lumière intense, devient déserte, et le seul mouvement apparent qui subsiste encore dans les profondeurs de cette perspective aveuglante, c'est celui des tendines rayées de rouge, de bleu, de vert, qui, malgré leurs attaches, ondulent et frémissent coquettement sous les caresses de ce que nos pères appelaient les zéphyrs.

Je te demande pardon, mon cher ami, d'avoir flâné si longtemps dans la via Dora-Grossa, au lieu de te faire connaître au plus tôt, comme c'était mon devoir, le Turin monumental. C'est que le spectacle de cette rue répondit si bien aux idées préconçues que j'avais alors de la couleur locale italienne, qu'aujourd'hui encore je considère ce souvenir charmant comme l'échantillon le plus exact de l'Italie que mon imagination s'était faite, laquelle, il faut le dire, n'a pas toujours été aussi conforme à l'Italie de la réalité.

J'arrive aux monuments, et je commence par le *Palais Madame,* attendu que de la rue que nous quittons il n'y a qu'un pas à faire pour l'avoir devant soi. Ce palais, qui occupe le centre de la grande et belle Place du Château, date des premières années du XIVe siècle. En 1416, Amédée VIII le fortifia aux angles de quatre tours octogonales qui se reliaient, dit-on, à un système de fortifications dont les traces subsistent encore dans la partie ouest de la ville. Ces tours, élevées en briques et construites avec un soin extrême, sont d'un bel aspect, bien que leur décoration consiste simplement dans la façon dont les briques sont employées, c'est-à-dire dans certaines dispositions d'appareil. Les corniches et les couronnes crénelées de ces tours sont notamment d'une finesse de dessin très-remarquable. Malheureusement cet édifice a été mutilé et déshonoré à différentes reprises : dans la première moitié du dernier siècle,

Victor Amédée, sacrifiant la façade ouest du xiv*e* et deux des tours du xv*e*, fit élever par l'architecte sicilien Juvara le grand placage composite qui fait face aujourd'hui à la rue de Dora-Grossa. En 1820 on surmonta la tour nord d'une ignoble bâtisse en plâtre qui sert d'observatoire à messieurs les astronomes et, depuis 1849, un télégraphe aérien, installé sur la plate-forme de l'autre tour, enlaidit encore de ses gesticulations anguleuses les laides choses qui affublent aujourd'hui les constructions primitives.

Ce qu'on appelle le *Palais des Tours* ne m'a paru être qu'une ancienne porte flanquée de deux belles tours en brique élevées sur un plan polygonal ayant seize côtés. Ce bâtiment, qui sert aujourd'hui de prison, passe à Turin pour une antiquité romaine et, qui plus est, il est considéré comme ayant été la demeure d'Ovide ; deux grandes prétentions qui ne sont guère justifiées. Que l'origine de cette construction remonte jusqu'aux Romains, cela n'est peut-être pas de tout point impossible, mais que le poëte latin ait habité ces tours à mâchicoulis, qui sont évidemment du moyen âge, cela n'est vraiment pas probable.

La cathédrale de Turin est un monument fort médiocre de la fin du xv*e* siècle, dont la nef, accompagnée de collatéraux, repose sur des piles appartenant à l'ordre dorique romain ainsi que les colonnettes qui les cantonnent ; ce qui n'est pas, cela se devine, d'une élégance et d'une richesse idéales. Ces points d'appui supportent une voûte en berceau dont la paroi intérieure est historiée, selon l'usage, d'une ornementation quelconque peinte à fresque dans le goût savoyard. De petites fenêtres, percées près de la naissance de la voûte, éclairent tant bien que mal la nef. Quant aux bas-côtés, comme ils ne reçoivent pas directement le jour, ils sont fort obscurs ; aussi m'a-t-il été impossible de distinguer au-dessus de l'autel de la seconde chapelle de droite une grande toile d'Albert Dürer représentant la Vierge et l'enfant Jésus, pas plus que les dix-huit petits tableaux du même maître qui complètent la décoration de cette chapelle. Ces peintures sont à peu près invisibles.

La façade du monument, d'une ordonnance assez insignifiante, est citée à Turin pour ses portes latérales dont les chambranles et les attiques sont décorés d'arabesques d'un goût douteux, mais dont la finesse relative fait l'admiration des touristes anglais.

Je voudrais, mon cher ami, pouvoir te parler de la chapelle du Saint-Suaire, annexe de la cathédrale, bâtie par le P. Guarini vers la fin du XVIIe siècle, mais je dois avouer que cette chapelle étant fermée aux curieux à l'heure où je me présentai pour la visiter, il me fut impossible de faire connaissance avec elle.

Tu jugeras de mes regrets à cet endroit quand je t'aurai dit que mon domestique de place, dont la compétence en pareille matière ne saurait être mise en doute, puisqu'il en fait profession, m'assura sur ses grands dieux, qu'au point de vue de la stéréotomie, cette chapelle à double coupole est considérée par les connaisseurs turinais comme le monument *le plus étonnant du globe!* Qu'il te suffise comme à moi de savoir qu'à l'extérieur ces coupoles superposées ont pour base une surélévation d'ordre dorique, bâtie sur un plan hexagone, et pour couverture une chose en pierre que je ne puis mieux comparer, pour la forme, qu'à l'abat-jour d'une lampe Carcel.

Je t'ai parlé des fenêtres de la nef, mais sans te dire comment le XIX° siècle piémontais les a décorées; il faut que tu me permettes de compléter en ceci ma description. Apprends donc que ces fenêtres aux carreaux de verre blanc, tendues de mousseline brochée, ont pour accompagnement des rideaux rouges disposés en *bonnes-grâces,* lesquels glissant sur un bâton doré sont maintenus entr'ouverts au moyen de patères en cuivre estampé et d'embrasses, exactement comme dans un salon du *Cadran bleu.* J'avoue que je n'avais encore vu rien de semblable et que ce fut pour moi une preuve irrécusable qu'il n'est rien tel que les voyages pour compléter notre instruction.

Cela te paraît assez ridicule, n'est-ce pas? Eh bien! ce n'est pas tout encore : il faut ajouter à cette tapisserie incongrue des balcons d'appui en fonte, peints en bronze et *à l'effet,* placés intérieurement, à 15 mètres de hauteur, et devant des croisées qui ne s'ouvrent pas!

Quoi qu'il en soit, cette cathédrale est encore l'église la plus intéressante de Turin, qui en compte pourtant une centaine d'autres appartenant au XVIIe et au XVIIIe siècle, mais que je n'ai pas besoin de te la décrire, puisque tu connais le *temple de l'Oratoire* et *Saint-Roch,* de Paris.

Je ne puis pourtant point passer sous silence la célèbre basilique de *Superga,* la nécropole royale du Piémont. Cet édifice de forme circulaire, élevé dans la première moitié du XVIIe siècle, au sommet de la colline qui lui a donné son nom et sur les dessins de Philippe Juvara, est accompagné de six chapelles rayonnantes, flanqué d'un péristyle corinthien et surmonté d'une coupole. A droite et à gauche sont deux bâtiments se reliant à l'église et servant de logement aux chanoines chargés de la garde des tombeaux. On cite parmi les monuments funéraires qui occupent les galeries souterraines de la *Superga* ceux des rois de Sardaigne Victor-Amédée II et Charles-Emmanuel III.

Tout ce que je puis dire de l'architecture de cette église, c'est que de la plate-forme où l'édifice a été élevé, on jouit d'une vue magnifique sur les plaines du Piémont, que borne au nord la grande chaîne des Alpes depuis le mont Viso jusqu'au delà du mont Rose, c'est-à-dire trente ou quarante lieues de développement des plus belles montagnes du monde. On est donc bien assuré, tu le vois, mon cher ami, de ne pas perdre son temps en faisant l'ascension de la *Superga*.

Pour en revenir à la ville de Turin, quoique *régulièrement bâtie*, elle est, je le répète, d'un ensemble très-agréable. J'y ai remarqué un assez grand nombre d'hôtels particuliers d'une belle apparence, bien que tous, ou à peu près, datent seulement du siècle dernier. Ces hôtels en façade sur rue et non entre cour et jardin, comme ceux de la même époque qui sont restés debout à Paris dans notre faubourg Saint-Germain, se distinguent principalement par la grande hauteur de leurs étages et la facile conception de leur ordonnance. Cependant si la simplicité du parti-pris est un des mérites de ces édifices privés, je crois que cette simplicité a besoin d'être soutenue comme elle l'est là par l'accentuation hardie de tous les reliefs de l'architecture. Dans un pays comme le nôtre, où le détail est étudié pour lui-même et parfois indépendamment de l'ensemble, ces entablements, ces corniches, ces attiques et ces balcons de fenêtres nous paraîtraient, non sans raison, répréhensibles comme forme et surtout trop violemment accusés. A Turin, au contraire, soit qu'on fasse à son insu la part du milieu dans lequel on se trouve, soit toute autre cause, on accepte sans scrupule aucun toutes ces choses hétérodoxes. Certes si l'on voulait entrer dans l'analyse on trouverait fort à reprendre ici et là; mais, outre que cette architecture n'est pas faite pour les délicats de Paris, il faut bien reconnaître que ces belles maisons ont une physionomie pittoresque que nous savons rarement imprimer aux nôtres et que, en définitive, elles sont d'un aspect si gai, d'un ensemble si parfaitement harmonieux qu'elles auraient cent fois raison contre tous les raisonnements de la critique.

Les palais proprement dits, qui sont l'aristocratie des habitations, ont à Turin les mêmes défauts et les mêmes qualités que les maisons dont je viens de parler. Je n'en mentionnerai qu'un, celui de l'Académie des sciences, qui est sans contredit le plus remarquable. Elevé vers la fin du xviie siècle par Guarini, ce palais se compose d'un rez-de-chaussée et de deux grands étages montés en briques. L'ossature de la construction est accusée par de mâles corniches dont la cymaise est en pierre dure et par des chaînes d'angle de même nature appareillées en bossages. Chaque étage comprend dans son ordonnance un entre-sol éclairé par des mezzanines que l'architecte a si bien combinées avec le couronnement des hautes fenêtres, qu'elles ne forment avec ces fenêtres qu'un seul et même motif très-habilement ajusté. Tu ne saurais te figurer, mon cher ami, l'effet produit par cette énorme masse de pierres et de briques harmonisée comme couleur par la patine grisâtre que l'aile du temps y a déposée : à distance, on dirait de l'œuvre à peine ébauchée de quelque Titan architecte, tant les détails de cette robuste décoration sont largement dessinés, énergiquement modelés. On n'a pas l'idée d'une pareille architecture ainsi taillée à coups de serpe, sans souci apparent de la moulure et du profil, sans égard pour la rectitude ordinaire du contour. Et pourtant cette étrange composition, vraiment belle dans sa rudesse, est bien près d'être grandiose. C'est à n'y rien comprendre. Je me demandais en examinant cette singulière architecture si, dans le soin extrême que nous apportons en France à l'étude des détails, nous n'allons pas trop loin chercher le secret du beau que l'artiste italien a su trouver là sans tant de façons. Il est vrai que le beau n'est, heureusement, le privilége ni de certaines époques, ni de certaines formes, et qu'il peut être réalisé de mille façons différentes et par les moyens les plus opposés. Le Palais des Sciences de Turin en est la preuve.

Quant à l'architecture domestique contemporaine, il faut lui rendre cette justice qu'elle ne pèche pas par excès d'exubérance. Quelles tristes façades que celles de ces *magnifiques* maisons du *Corso del Re!* Comment les architectes piémontais, qui pourraient s'inspirer de leurs propres richesses en ce genre, s'avisent-ils de contrefaire aujourd'hui le style français de 1820 avec ses triglyphes et ses têtes de cerf alternées, avec ses *grecques* dans les frises, ses *postes* dans les bandeaux, et ceci et cela, et cent autres vieilleries de même étoffe? Adieu les jolies terrasses suspendues aux façades, adieu les gracieux contournements des balcons en fer et tôle; les architectes modernes, ennemis de ces choses saillantes qui contrarient l'alignement, les ont remplacées par des alléges d'appui pleins, ornés de rosaces en carton-pierre; les tendines flottantes aux vives et riantes couleurs ont fait place à des persiennes d'un gris terne, à l'instar de Paris. C'est laid, c'est maussade, mais il paraît que c'est *comme il faut!*

Avant de quitter Turin, il faut, au risque de passer pour radoteur, que je revienne en quelques mots sur la question *cheminées,* déjà effleurée dans ma lettre à notre confrère Abadie. Le sujet d'ailleurs en vaut la peine : il s'agit d'arracher à l'erreur et à la fumée où elle est plongée l'Europe entière, ou à peu près; rien que cela! Tu sais que, grâce aux suggestions des Piémontais établis en France, nous avons contracté la déplorable habitude de planter sur nos souches de cheminée des tuyaux de tôle que ces ultramontains ne trouvent jamais assez longs, c'est-à-dire assez pesants? Tu crois, comme je l'ai cru trop longtemps moi-même, je l'avoue, que ces affreux tuyaux, la honte de nos toitures, sont le dernier mot de la science du fumiste, et que sans eux il n'y aurait point de salut pour.... nos foyers domestiques? Eh bien! détrompe-toi, mon cher ami, le Piémontais, *né malin* aussi, ceci le prouve, s'abstient religieusement chez lui de cette tôle dont il abuse si fort chez nous. On ne rencontre pas dans tout le Piémont un seul de ces vilains tubes noirâtres, et pourtant les cheminées y fonctionnent au mieux, tandis que c'est le contraire qui se produit chez nous. D'où il est facile de conclure que le tuyau de tôle est tout simplement la forme d'un impôt indirect prélevé en France sur la crédulité publique par cette portion du peuple sarde qui s'est impatronisée sur notre sol.

Je sais bien que si les fumistes avaient la maladresse d'importer dans notre pays le système appliqué partout chez eux avec tant de succès, nos cheminées deviendraient aussi bonnes que les leurs, et que dès lors l'industrie du tuyau de tôle se trouverait réduite à néant; je sais cela, aussi je comprends que ces industriels, très-soigneux de leurs intérêts, y regardent à deux fois avant de se couper les vivres. Mais alors ne serait-ce pas à nous, qui sommes à l'endroit de la fumisterie les tributaires de l'étranger, comme disent les économistes, de faire cesser cette mystification séculaire, en dotant notre patrie de cheminées à la piémontaise? Quelle déception pour eux dans ce cas, et quelle bonne revanche pour nous !

Je soumets humblement, mon cher ami, ces réflexions à ta haute sagesse.

III

A M. Charles Laisné, architecte.

Verceil. L'église Saint-André. — Novare. Le champ de bataille de Charles-Albert. La cathédrale. L'église Saint-Gaudens. Le palais Caccia. Le château fort. Le Tessin. La douane autrichienne. Les mûriers et les vignes.

De Turin à Novare, le chemin de fer sillonne ces belles plaines du Piémont, dont la fertilité est une si grande source de richesse pour les États sardes. S'il faut en croire un prêtre italien, qui fut mon compagnon de voyage de Chivasso à Ponzana, le sol piémontais, ainsi que celui de la Lombardie, abonde en coquilles fossiles, et les dépôts marins que recouvre la couche végétale sont remplis d'ossements de mastodontes, d'éléphants, de rhinocéros et d'autres quadrupèdes. Soit ! Toujours est-il qu'aujourd'hui, ces plaines fécondes présentent l'aspect d'une végétation abondante à laquelle, au point de vue pittoresque, on ne pourrait faire qu'un reproche : sa trop grande richesse. Cependant, il faut le dire, les villages italiens, d'une couleur moins sombre que les nôtres, rompent heureusement de place en place cette verte monotonie. La brique mêlée aux tons blancs et roses des crépis; les toitures en tuiles, dont la belle couleur ne disparaît pas, comme dans nos contrées septentrionales, sous la mousse de l'humidité; ces fabriques que dore une lumière éclatante et dont chaque groupe s'annonce au loin par le campanile obligé; tout cela égaye singulièrement le paysage.

En approchant de Verceil, je songeais que ce fut sous les murs de cette ville que Marius, déjà vainqueur des Teutons, extermina les Cimbres, et je me demandais si je retrouverais là, en courant, car je ne devais pas m'y arrêter, des souvenirs du célèbre consul romain, ou tout au moins du beau tableau de Decamps; mais j'avoue qu'arrivé devant la ville, j'oubliai toute recherche de cette nature en apercevant à cent pas de moi une belle église du xiii® siècle, toute française par sa forme générale et sa construction, sinon par tous ses détails, avec ses deux clochers en façade et son élégante tour s'élançant du transsept. Ma surprise fut grande, vous devez le croire, de rencontrer en pleine Italie ce monument si peu italien. Je le saluai comme un compatriote, mais de loin, hélas! puisque, ayant pris ma place pour Novare, je n'étais pas descendu à la station. Heureusement, mon obligeant voisin de waggon, flatté peut-être, dans ses instincts patriotiques, de l'intérêt que je paraissais prendre à cet édifice, voulut bien m'apprendre, dans son langage franco-italien, que cette église, dédiée à saint André, fut bâtie, sur les plans d'un religieux nommé Thomas Gallo, par le cardinal Gualo de Bichieri. D'où je pus facilement conclure que ce personnage, célèbre par les fonctions diplomatiques qu'il remplit en France et en Angleterre, avait évidemment rapporté de ces pays le goût de notre chitecture.

L'église Saint-André n'est pourtant pas celle qu'on admire le plus à Verceil ; les Italiens préfèrent, et cela se conçoit, la cathédrale de cette ville, élevée au xvi° siècle par Pellegrino Tibaldi. Je ne veux pas médire de cette cathédrale, que je n'ai pu qu'apercevoir, mais le seul regret que j'éprouve de ne l'avoir point visitée c'est pour le fameux *Codex Vercellensis* qu'on y conserve, rare et précieuse copie de l'Evangile, écrité de la main de saint Eusèbe, dans le IV° siècle, et que Bérenger Ier, roi d'Italie, fit relier magnifiquement en argent au x° siècle. Un manuscrit contemporain de saint Augustin, et dont la version latine, croit-on, est celle citée par le grand évêque d'Hippone, me paraît devoir être un monument plus précieux que celui de l'architecte Tibaldi.

En quittant Verceil, on traverse une campagne humide, couverte de rizières et sillonnée de petits canaux d'irrigation, dont l'aspect refroidit un peu le paysage; mais, en approchant de Novare, la scène change. Novare est bâtie sur un plateau entre deux rivières, l'Algogna et le Terdoppio, et domine une vaste plaine que borne à l'est la Sesia et à l'ouest le Tessin. Du haut des vieux remparts de cette ville, la vue s'étend à vingt lieues au nord jusqu'aux Alpes Pennines, dont les cimes blanches se découpent sur le ciel; horizon magnifique qu'on retrouve constamment comme fond de tableau dans la haute Italie, et dont les beautés sont de celles qu'on ne décrit pas.

A peine avais-je touché le sol de Novare, qu'un obligeant *facchino*, qui m'avait suivi des yeux avec une touchante sollicitude depuis ma descente de waggon, vint à moi pour m'offrir ses services. En général, j'évite, en voyage, ces ennuyeux ciceroni qui ne savent jamais rien de ce qu'on veut apprendre, et qui, en fait d'itinéraire, vous forcent à suivre le leur, au lieu de se conformer au vôtre. Mais celui-là ne m'avait pas trop déplu; son air doux et modeste m'avait fait supposer que je pourrais réellement le prendre à mon service et non me mettre au sien, comme c'est l'usage. Je lui fis donc un accueil d'autant meilleur qu'il s'exprimait en assez bon français. Par malheur, ce garçon s'était voué à une spécialité qui ne s'accordait guère avec la mienne : il expliquait *le champ de bataille de Novare* (celui de Charles-Albert). Je n'ai jamais bien compris, je l'avoue, qu'à moins d'avoir commandé un corps d'armée, ce qui n'est pas mon fait, on puisse venir de loin pour visiter une plaine quelconque couverte de céréales ou une vallée peuplée de bestiaux, sous prétexte que deux armées se sont un jour rencontrées là; aussi remerciai-je bien vite mon *facchino*, en lui offrant, comme compensation, de me guider à travers la ville. Mais j'avais compté sans mon hôte : ce jeune homme, qui s'était fait le vivant souvenir et l'écho à 1 franc l'heure des gloires militaires de son pays, craignant de déchoir en acceptant le même rôle à l'endroit des gloires artistiques, refusa mon offre avec une sorte de dédain poli pour les fonctions toutes civiles dont j'aurais voulu temporairement l'investir. Où diable l'amour-propre va-t-il se nicher? Ce type, que je n'avais encore rencontré nulle part, me parut curieux, et, quoique hors-d'œuvre, je le notai sur mes tablettes.

Un cocher qui se trouvait là fit moins de façons pour se charger de moi, et en quelques minutes il me conduisit à la cathédrale.

Cet édifice, dont l'origine se perd, comme on dit, dans la nuit des temps, passe pour avoir été élevé par saint Gaudens, au commencement du v⁰ siècle. Mais les restes du Bas-Empire, si faciles à reconnaître çà et là dans cette construction, rendent plus probable une autre version suivant laquelle le premier évêque de Novare se serait tout simplement emparé de quelque temple païen pour l'approprier au nouveau culte. En effet, on ne saurait considérer comme d'origine chrétienne les colonnes corinthiennes en marbre qui sont restées debout dans la nef. Au surplus, ces colonnes sont à peu près tout ce qui subsiste de l'édifice primitif, lequel fut reconstruit sur un nouveau plan au xi⁰ siècle, ainsi que l'indiquent notamment les chapiteaux à corbeille cubique de quelques-unes des travées de la nef. Quant au pavement en mosaïque, il doit être un ouvrage du ix⁰ siècle et avoir appartenu à l'ancienne basilique. En somme, tout cela est plus curieux que réellement beau; cependant, cela vaut mieux encore que la coupole du xvii⁰ siècle, les croisillons du xviii⁰, ou le chœur de 1831, œuvre du baron Melchioni, architecte du cru.

La *Canonica*, reliée à la cathédrale par un de ses côtés, se développe autour d'un grand cloître, du xi⁰ siècle, dit-on, dont les piles octogonales supportent des arcs à section rectangulaire légèrement aigus. Ces piles, qui reposent sur un bahut de même construction, sont couronnées par un chapiteau également à huit pans, composé d'un simple corps de moulures, lequel se raccorde par des congés avec les arêtes intérieures et extérieures des arcs. Rien n'est plus simple et plus austère, on le voit, que ce vieux reste d'architecture religieuse.

En me promenant seul, à l'ombre de ces portiques si bien faits pour la méditation, je ne fus pas peu surpris d'y rencontrer à chaque pas, et soigneusement incrustées dans les murs, des dalles tumulaires d'évêques et d'abbés, mêlées à des *in manus*, à des autels païens, à des inscriptions, à toutes sortes d'épaves de l'antique *Novaria*, recueillies avec soin par les pieux hôtes de cette chrétienne demeure. Quelle que soit la cause de cette égalité devant la mort dont jouissent aujourd'hui, sans distinction d'origine, tous ces débris du passé, comme en Italie cette cause ne peut tenir à l'indifférence religieuse, ce spectacle a quelque chose de touchant; il dénote une sorte de mansuétude qui fait honneur au clergé piémontais.

De la cathédrale, je courus à l'église Saint-Gaudens, l'édifice le plus vanté de Novare, et, comme presque toujours en pareil cas, le moins digne de l'être. Saint-Gaudens, qu'on appelle là-bas une basilique, et qui fut bâtie par Tibaldi vers le milieu du xvie siècle, est une grande machine d'ordre corinthien assez froide d'aspect, comme vous devez le croire, mais bien étudiée pourtant et d'une assez bonne tournure. La merveille ou soi-disant telle de cet édifice, c'est la tour, construite à la fin du siècle dernier par le comte Alfieri, l'oncle du poëte. Or, cette tour, qui peut être remarquable par sa grande hauteur, puisqu'elle s'élève à quatre-vingt-dix mètres, ni plus ni moins, appartient par son style à la plus déplorable décadence. La partie supérieure de l'œuvre d'Alfieri, bâtie sur un octogone, est percée sur quatre faces d'œils-de-bœuf et de baies à plein-cintre, tandis que les quatre autres sont flanquées de colonnes accouplées faisant office de contre-forts. Ces colonnes supportent un entablement surmonté d'un acrotère et le tout s'amortit par des pots-à-feu avec flamme en pierre, dans le goût de ceux qui flambent à Paris sur les corniches du Palais de l'Institut. La couverture, galbée à la chinoise, c'est-à-dire à surface concave, est ornée à sa base de huit têtes d'anges bouffis accusant chacun des angles de l'octogone. Une boule colossale en bronze doré, enfilée dans le poinçon et surchargée de quatre autres têtes de chérubins enguirlandées, sert de base à la croix d'assez mauvais goût qui brille dans les airs. Telle est cette tour, que le *Guide artis-*

tique du Piémont place au rang « des plus beaux clochers de la Péninsule ». Fiez-vous donc aux livres !

Quant au tombeau du saint, qui occupe une chapelle supérieure, il est d'une richesse inimaginable et vaut mieux que la tour. Les revêtements des murs, l'autel et les portes latérales de la chapelle, sont des ouvrages en bronze d'une très-belle exécution. L'urne funéraire, en argent et cristaux de roche, n'est pas moins recommandable. Néanmoins, cette profusion de matières précieuses, qui, en Italie, remplace trop souvent, et sans y suppléer, le mérite artistique, est-elle bien à sa place dans un pareil lieu? Je ne le pense pas. Je préfère, pour mon compte, à cette somptuosité écrasante, la simplicité, l'austérité de l'humble pierre que le génie de l'artiste a façonnée. Je préfère cela surtout quand il s'agit de la mort, dont la solennelle grandeur s'accorde mal, il me semble, avec les colifichets et le clinquant de ce monde. Il est vrai que je ne suis pas Italien.

La coupole de cette chapelle funéraire, peinte à fresque par Etienne Legnani, est une charmante composition, représentant saint Gaudens porté en paradis par des anges. L'œuvre de l'artiste lombard, remarquable par sa belle ordonnance et la fraîcheur de son coloris, est peinte en pleine lumière et donné une idée éblouissante des régions célestes, ce qui est certes bien à sa place.

Après ces deux édifices, je ne vois plus, dans mes souvenirs de Novare, rien qui puisse mériter de vous être particulièrement signalé, si ce n'est le palais Caccia, avec son portique à colonnes de granit rouge accouplées; le Palais de justice, construit au xive siècle, et dont il reste si peu de chose aujourd'hui; le *Château-fort,* ruine du xiiie siècle, qui servit de prison, en 1500, à ce Ludovic Sforce que les Suisses livrèrent à la France, et qui mourut à Loches dans les premières années du xvie siècle.

Pour se rendre de Novare à Milan on reprend le chemin de fer, mais pour le quitter de nouveau sur la rive droite du Tessin, frontière des États Sardes, où des voitures reçoivent les voyageurs pour les conduire tant bien que mal à destination. La distance qui sépare le Tessin de Milan pourrait être facilement franchie en trois quarts d'heure par une locomotive bien chauffée, cependant il faut passer quatre ou cinq heures en diligence pour faire ces trois quarts d'heure de route; affreuse corvée dont j'aurais volontiers fait le sacrifice en faveur des amants quand même du passé, qui regrettent si amèrement ces gothiques véhicules et, sans doute, la gêne, le cahotement et les courbatures qui en sont la conséquence.

A peine est-on encaqué dans la diligence qu'on est sommé d'en sortir et de mettre pied à terre sous un défilé de portiques qui n'est autre que les fourches caudines de la douane lombarde. On m'avait dit tant de mal de la police autrichienne que ce ne fut pas sans un certain serrement de cœur, je l'avoue, que je me sentis entre ses griffes célèbres. Il faut dire que sans être un contrebandier de profession, j'étais porteur d'une marchandise assez suspecte, des livres, et que parmi ces livres se trouvaient l'*Italia*, de M. Théophile Gautier, et l'excellent guide artistique de M. Charles Blanc, intitulé : *De Paris à Venise*. Or, ces deux volumes, qu'on ne saurait certes considérer comme des brandons de révolution, ne sont peut-être pas non plus, il faut le reconnaître, d'une orthodoxie irréprochable à l'endroit de la domination autrichienne en Italie. J'ajoute qu'un libraire de Turin m'avait obligeamment averti qu'ils étaient prohibés chez l'empereur d'Autriche. Eh bien! je dois proclamer ici, qu'après avoir eu l'honneur insigne d'être officiellement présentés à M. le chef de la douane, ces deux aimables compagnons de voyage, dont il m'eût été si pénible de me séparer, me revinrent après quelques minutes d'absence, vierges des ciseaux de la censure, purs de toute mutilation policière, sains et saufs, pour tout dire, et libres de circuler librement, dans mon sac de voyage, à travers le royaume Lombardo-Vénitien. Quant au reste de mon bagage, c'est tout au plus s'il fut honoré du regard distrait d'un douanier subalterne. Si je consigne ici cette observation, c'est qu'il faut rendre justice à tout le monde, même aux douaniers, et qu'il est bon que vous sachiez, mon ami, que le gouvernement autrichien n'est pas, à l'endroit des voyageurs, aussi diable que ses aigles sont noirs.

La route qui conduit à Milan court à travers des campagnes d'une luxuriante végétation, mais, en revanche, d'une monotonie qui devient bientôt fatigante. C'est toujours et encore des myriades de mûriers qu'enlacent capricieusement des vignes aussi nombreuses et que les pampres de celles-ci relient à l'infini en formant des guirlandes de la plus riche verdure. A la nuit tombante ces mûriers, dont on ne distingue plus que les silhouettes sombres et fantastiques, semblent être autant de fantômes, dont les grands bras de feuillage se tendent et se réunissent comme pour danser une sarabande à travers les champs de maïs. Cela ne manque pas, vous le voyez, d'une certaine originalité, cependant on se lasse de ce spectacle toujours le même, et à neuf heures du soir, quand nous arrivâmes à Milan, j'en avais assez.

IV

A M. Boesvilvald, architecte.

Milan. Le Dôme.

A peine étais-je arrivé à Milan et à l'hôtel *del' Marino* que, même avant de faire honneur à un de ces bons soupers qu'on est si heureux de trouver en voyage, dit la chanson, je voulus, à la clarté douteuse des étoiles, faire connaissance avec l'ombre du fameux *Duomo*. C'est ainsi que j'ai vu pour la première fois les cathédrales de Chartres, de Strasbourg, de Reims, et je dois dire que je me rappelle rarement l'un de ces magnifiques édifices, sans qu'aussitôt sa silhouette sombre, vague, et pleine de mystère m'apparaisse au milieu d'une nuit profonde et me cause encore tout le plaisir de la première impression. N'étant renseigné que sur la direction à suivre et non sur la distance qui me séparait du but à atteindre, ce ne fut pas sans surprise qu'après avoir fait une centaine de pas seulement dans la *strada S. Raffaele*, je me trouvai au pied de la façade septentrionale du célèbre monument. J'avoue qu'à l'aspect de cette grande masse, dont la nuit ne me permettait même pas d'apercevoir tous les contours, je fus saisi d'une sorte d'admiration, tant il est vrai que l'idée de grandeur, qu'il s'agisse des merveilles de la création ou des ouvrages de l'homme, entraîne toujours avec elle et malgré nous l'idée du beau. Je fis le tour du colosse comme pour lui rendre un premier hommage, mais, ne pouvant parvenir à percer du regard les voiles de ténèbres qui l'enveloppaient, je quittai la place plus tôt que je ne l'aurais voulu, remettant au lendemain un plus ample examen que la nuit rendait impossible.

Ma seconde visite, qui eut lieu au grand jour, modifia, je dois le dire, l'impression de la veille. De grandiose qu'il m'avait paru dans l'ombre l'édifice vu au soleil ne me sembla plus même *grand*, car l'un des caractères de la véritable grandeur dans les œuvres d'art c'est la simplicité, et rien n'est moins simple assurément que cette cathédrale; mais il me parut ce qu'il est en effet, immense. La longueur du Dôme est de cent cinquante mètres, vingt mètres de plus que celle de Notre-Dame de Paris; sa façade a cinquante-sept mètres et son transsept quatre-vingt-sept mètres de développement, tandis que les dimensions correspondantes de notre cathédrale sont de quarante et de quarante-huit mètres. Vous voyez quelle différence de surface ces chiffres doivent produire : en effet Notre-Dame ne couvre qu'une étendue de terrain de six mille mètres, et la cathédrale de Milan en occupe une de douze mille! Enfin la grande nef de Paris n'a que douze mètres de largeur et trente-trois de hauteur, tandis que la largeur de celle de Milan est de dix-neuf mètres et sa hauteur de quarante-six.

Je vous demande pardon, mon cher ami, de tous ces chiffres, mais il m'a paru indispensable de vous les faire connaître, ne fût-ce que pour commencer à vous expliquer la célébrité de l'édifice dont il s'agit. Que de gens en effet ne mesurent leur admiration pour les monuments de l'architecture qu'aux dimensions, qu'à ce que j'appellerai la grandeur intrinsèque de ces monuments! Combien d'autres n'estiment la valeur d'une œuvre d'art qu'en raison de la matière plus ou moins précieuse façonnée par l'artiste! Enfin ne connaissons-nous pas, vous et moi, des curieux d'un autre genre, qui ne s'intéressent qu'au nombre de colonnes sur lesquelles repose un édifice, à la quantité de portes et fenêtres dont cet édifice est percé, ou aux centaines de degrés qu'il faut gravir pour arriver à son faîte? Eh bien! mon cher ami, j'ai la conviction que ces différentes catégories d'amateurs ont contribué pour une bonne part à la grandissime réputation du Dôme de Milan. Le marbre blanc dont cet édifice est bâti et les trois mille statues qui le décorent ne sont pas étrangers, croyez-le bien, à l'enthousiasme qu'excite à tort ou à raison, chez les touristes, la vue de ce monument, que Scamozzi a comparé à « une montagne de marbre taillée à jour. »

Il est une autre classe d'amateurs qui ont dû apporter aussi leur contingent d'admiration à cette fameuse église : ce sont ceux qui jugent de la bonne ordonnance et des beautés d'un édifice par les difficultés matérielles qu'a dû exiger son exécution. Or, si vous réfléchissez qu'un grand nombre de ceux-là ne s'expliquent pas encore comment il se fait que tous les claveaux d'une voûte ne leur tombent pas sur la tête; si vous songez aux cent cinquante statues qui se tiennent en parfait équilibre, comme Auriol sur sa pyramide de bouteilles, au sommet des cent cinquante clochetons ou pinacles, qui forment la partie la plus vantée du Dôme de Milan, vous comprendrez facilement que ce Dôme soit arrivé, par la force des choses, à être considéré comme une des nombreuses *huitième merveille* du monde.

Je ne vous décrirai pas longuement, mon cher ami, un édifice que la gravure vous a depuis longtemps fait connaître ; cependant il faut que vous me permettiez de crayonner ici en quelques mots un ensemble de cet édifice ; ce croquis m'est indispensable pour me faire comprendre.

Le plan de la cathédrale de Milan a la forme d'une croix latine. La grande nef est accompagnée de doubles collatéraux, mais un seul collatéral pourtourne le chœur. Au point d'intersection des branches de la croix s'élève, au-dessus des voûtes du transsept, une sorte de coupole centrale surmontée d'une flèche. La grande nef est maintenue par des arcs-boutants à double volée, très-aplatis, vu la grande élévation des petites nefs, et qui se trouvent ainsi dissimulés non en géométral, mais en perspective ; disposition qu'explique l'intention évidente des architectes italiens, laquelle fut de n'emprunter ostensiblement à l'architecture ogivale que les détails de son ornementation. Les façades latérales donc se réduisent, pour le spectateur qui n'est pas placé à une grande distance de l'édifice, au seul mur du bas-côté extérieur. Quant à la grande nef, au lieu d'être dégagée des collatéraux et de s'élancer fièrement au-dessus des constructions basses, comme dans les cathédrales françaises, elle domine à peine les nefs moyennes dont la hauteur sous clef dépasse trente mètres et se perd ainsi dans la masse générale. De là l'écrasement de cette partie importante de l'édifice.

A l'intérieur, l'effet n'est pas plus heureux. Ces collatéraux, qui semblent par leur élévation exagérée vouloir s'enfler outre mesure pour disputer le pas à la nef centrale, ôtent évidemment quelque chose à la grandeur apparente du vaisseau. Assurément si la hauteur des nefs moyennes pouvait être diminuée de moitié, les proportions de la grande nef étonneraient davantage.

Un autre inconvénient résulte de l'élévation démesurée des collatéraux, c'est la hauteur de vingt-quatre mètres qu'il a fallu donner aux piles de la nef; et l'architecte de ces piles semble avoir si bien senti ce défaut de proportions, qu'il a voulu les raccourcir en donnant à leurs chapiteaux une importance extraordinaire, ou plutôt en les affublant d'une sorte de tambour dont la hauteur est de cinq ou six mètres. Vous connaissez ces tambours évidés de niches et surchargés dans leur pourtour de seize statues debout ou assises, de consoles, de dais et de pinacles; rien n'est plus laid que ces lourdes machines, et l'on peut bien dire du remède qu'il est pire que le mal. Cependant ces tambours ont une réputation européenne; ils passent pour des chefs-d'œuvre, et je vous avoue que je ne m'exposerais pas volontiers à en faire la critique devant tout le monde. Vous devinez sans peine qu'avec des piles de cette taille, auxquelles il faut ajouter les arcs aigus qu'elles supportent, il doit rester peu de champ pour les fenêtres de la nef centrale. En effet ces fenêtres, en pénétration dans la maîtresse voûte, sont réduites à si peu de chose qu'elles pourraient être murées sans que la somme de lumière qui pénètre à l'intérieur parût en être diminuée; ce qui constitue, on le conçoit, dans l'ensemble, un autre manque de proportions non moins choquant que les autres.

Enfin, pour comble de cacophonie, à cette architecture lourdement conçue, froide, pauvre jusqu'au dénûment, on a donné pour ciel, dans la nef centrale, une voûte ogivale en berceau, décorée prétentieusement de grisailles, lesquelles figurent une ornementation des plus riches, où les trèfles, les quatre-feuilles, les cœurs allongés, les entrelacs de toutes sortes s'entremêlent et se découpent sur un fond noir qui simule le vide. Longtemps cette fausse sculpture a fait l'admiration de certains touristes, amateurs de trompe-l'œil en fait d'art, mais, hélas! cette illusion en détrempe commence à montrer le bout de l'oreille; elle s'en va tout doucement comme tant d'autres; ses parties les moins solides se détachent et tombent tous les jours en poussière dans les yeux des admirateurs trop confiants.

La façade principale du monument répond bien

mal à l'immensité de l'intérieur. C'est un pignon percé de trois étages de fenêtres, qu'on prendrait pour celui d'un édifice civil flamand, mais qui ne vaut certes pas la façade de l'hôtel de ville de Bruxelles. Ce pignon, dont la pointe se termine en angle droit, est divisé en cinq travées par six contre-forts; il offre ceci de curieux que son ordonnance générale est inspirée de l'architecture dite gothique, tandis que dix de ses ouvertures, sur treize dont il est percé, appartiennent par leur décoration au style de la Renaissance. Cette disparate, dont les Milanais gémissent depuis trois siècles, est reprochée à l'architecte Pellegrino Tibaldi, que Charles Borromée, archevêque de Milan, chargea, en 1560, des travaux de la cathédrale. Une première façade élevée par assises alternées de marbre blanc et de marbre noir, qui existait alors, fut détruite par cet architecte comme jurant avec le style général de l'édifice, et pourtant, chose singulière, au lieu de profiter de la reconstruction pour rendre à cet édifice l'unité qu'il avait perdue, le Tibaldi semble au contraire avoir voulu renchérir sur son prédécesseur. Les cinq portes du rez-de-chaussée et les quatre fenêtres éclairant *au premier étage* les collatéraux, ouvrages de cet architecte, sont décorées de chambranles, de contre-chambranles, de frises ornées, de frontons aigus ou cintrés supportés par des consoles et des balcons d'appui à balustres, exactement comme s'il s'agissait du palais seigneurial d'un Médicis ou d'un Visconti.

On conçoit bien qu'en sa qualité d'Italien du xvi siècle, Tibaldi n'ait pu être grand admirateur d'une architecture maladroitement importée du Nord, et à laquelle le Nord même avait déjà renoncé, mais il est impossible d'admettre que cet artiste, doué d'un goût quelquefois très-fin, il en a laissé des preuves, ne se soit pas rendu compte de l'effet incohérent que devait produire son œuvre. Ce qui paraît probable, c'est que Tibaldi, amant passionné et représentant illustre des saines doctrines, voulut protester par cette antithèse contre l'intrusion dans son pays de l'architecture ogivale, qu'il détestait.

Mais la nouvelle façade ne fut pas longtemps respectée. Vers le milieu de xvii siècle, deux architectes, Charles Buzzi et Castelli, se disputèrent l'honneur de corriger l'œuvre de Tibaldi, c'est-à-dire de rétablir autant que possible l'unité qu'il avait détruite. Buzzi l'emporta sur son concurrent, mais les incertitudes de l'administration se prolongèrent si bel et si bien, qu'en 1658, après douze années de tâtonnements, de travaux préparatoires et de luttes, et lorsqu'on se fut enfin décidé à réaliser le projet proposé, son auteur était mort. Ce fut un certain Christophe Stohrer qui commença la mise à exécution des plans de Buzzi, en élevant les deux contre-forts doubles, voisins de la porte principale. Enfin, vers 1790, cette façade fut modifiée encore par Léopold Pollack, auquel succéda en 1806 l'architecte académicien Charles Amati. C'est à ce dernier qu'on doit la fenêtre des *Homélies*, exécutée probablement sur un ancien dessin de Pellegrino et dans la frise de laquelle on lit l'inscription dédicatoire : *Mariæ nascenti*. Amati fut également chargé de reconstruire la partie supérieure de la façade élevée à grands frais par Buzzi, et il exécuta cette reconstruction dans le style soi-disant gothique; c'est-à-dire que cet architecte ménagea au-dessus des fenêtres de Tibaldi des ouvertures ogivales, acheva les contre-forts et leurs clochetons, et termina le pignon dentelé de petits gables qui se découpe aujourd'hui sur le ciel.

Au point de vue de l'unité, l'œuvre réparatrice d'Amati est certes des plus louables. Mieux intentionné que Tibaldi, qui sacrifia à ses préjugés ou à ses rancunes l'harmonie générale de l'édifice, Amati, faisant abnégation de lui-même comme artiste, se contenta d'apporter modestement sa pierre à l'œuvre collective. Malheureusement l'inspiration, qui n'a rien de commun, il faut bien l'avouer, avec les scrupules de la conscience humaine, ne s'est point rencontrée là avec le bon vouloir. Les fenêtres de Tibaldi, tout en faisant tache dans la façade du Dôme de Milan, resteront comme des échantillons de la plus belle architecture italienne du xvie siècle, tandis que l'œuvre raisonnable, rationnelle de l'honnête Amati, que le génie n'a pas animé de son divin souffle, ne sera jamais considérée que comme une riche mais froide et sèche maçonnerie.

Pour en finir avec cette façade, je vous dirai encore que les trois fenêtres ogivales d'Amati sont de dimensions si restreintes et pour comble si maladroitement obstruées de meneaux inutiles, qu'évidemment elles sont là moins pour distribuer la lumière dans le temple que pour contre-balancer le caractère profane de leurs voisines d'en bas.

Quant aux renflements saillants qualifiés de contre-forts, ils rappellent bien peu ceux de nos édifices français. Ce sont des avant-corps dont les trois faces perpendiculaires, évidées d'arcatures en accolade et de pignons aigus, sont décorés de statues trop petites et très-clair-semées, que surmontent des dais trop grands, remarquables seulement par leur laideur. Ces contre-forts, qui devraient par leur disposition exprimer la résistance la plus énergique et la force, puisqu'ils sont là pour servir d'éperons aux murs longitudinaux des nefs; ces contre-forts, dis-je, sont portés par des cariatides alternés avec des Atlas ployant sous le faix, qui rappellent ceux de Pierre Puget. Quel singulier contre-sens !

Et puisqu'il est question de statues, il faut que vous sachiez, mon cher ami, comment cette partie de la décoration a été traitée dans l'architecture du Dôme de Milan. Je me hâte de déclarer tout d'abord qu'on rencontre parmi ces myriades de personnages en marbre blanc des figures qui, prises isolément, seraient dignes d'être descendues de leur niche et envoyées dans un musée, ce qui ne leur empêche pas de jouer là, pour la plupart, un rôle fort ridicule. Figurez-vous, mon cher ami, ces contre-forts des bas-côtés et de l'abside, sans empattement, sans ressauts, sans larmiers, roides comme des chandelles, et sur les trois faces desquels se trouvent accrochés, on ne sait trop comment, ici un empereur romain, Constantin, sans doute; là, un Milon de Crotone dans la pose classique que vous savez ; ailleurs des suppliciés pendus, ceux-ci par les mains, ceux-là par les pieds; de ce côté, une Judith la main droite armée d'un glaive, et tenant de la gauche la tête d'Holopherne; de cet autre, un saint Athanase endurant une des tortures de son martyre, etc; en un mot les attitudes les plus forcées, les gestes les plus violents, les contorsions de membres et de muscles les plus extravagantes. Et puis, singulière anomalie, à côté du triste spectacle de tous ces malheureux qui semblent cloués au pilori, des jeunes filles court-vêtues qui souriant aux passants, des vierges folles du xviii° siècle, dont la robe chiffonnée se relève à point pour laisser voir à tout le monde le bas d'une jambe qu'elle devrait cacher. Enfin, mon cher ami, la statuaire la plus mal trouvée, la plus malséante qu'on puisse imaginer comme complément d'une décoration monumentale. Vous qui, en votre qualité d'architecte de notre belle cathédrale de Chartres, possédez de si admirables types de la statuaire française des xii° et xiii° siècles, n'allez pas, croyez-moi, chercher vos inspirations à Milan pour la restauration du monument confié à votre talent et à vos soins; les magnifiques *évêques* du porche méridional de Chartres valent mieux à eux seuls que ces trois mille célèbres statues de marbre.

La partie la plus ancienne et la plus intéressante de la cathédrale de Milan, c'est l'abside. Vous savez que le duc de Milan, Galéas Visconti, voulant doter sa capitale d'un édifice gothique, choisit pour architecte un Allemand nommé dans son pays Henri de Gemünden, dont le nom italianisé devint Henri de *Gamodia*. Cet artiste, qui connaissait évidemment la cathédrale de Cologne, car il en a, pour ainsi dire, reproduit le plan à Milan, fonda-t-il lui-même le célèbre édifice lombard? c'est ce que je ne saurais dire. Toujours est-il que dès 1388, et du vivant même du duc Galéas, on trouve à l'œuvre, comme architecte, un Français, Philippe Bonaventure, et en 1399 deux de ses élèves : Jean Mignot de Paris, et Jean Campanosen, Normand. C'est à ces artistes, nos compatriotes, que Milan doit le chevet de sa cathédrale. Cette partie de l'édifice, construite à une époque où l'art du moyen âge brillait encore d'un certain éclat, est remarquable en effet par sa belle ordonnance et la savante combinaison des lignes de son architecture. Sans doute on pourrait reprocher à cette architecture une finesse de détails qui va parfois jusqu'à la maigreur, mais ce n'est point aux artistes qu'il faut s'en prendre de ce défaut, c'est au xive siècle et surtout à l'école allemande. Un fait certain, c'est que le goût qui a présidé à la conception de cette abside ne se retrouve nulle part dans les autres parties de l'édifice. Ce goût, les architectes français en remportèrent le secret dans leur pays, lorsqu'en 1402 ils cédèrent la place à leurs confrères de l'Italie. Ce secret d'ailleurs était tout entier dans des instincts, dans des convictions qui ne pouvaient pas devenir ceux des architectes italiens; en effet, si l'on examine les ouvrages exécutés successivement au Dôme de Milan par ces derniers, il est facile de reconnaître qu'ils ne s'assimilèrent jamais l'architecture du Nord, c'est-à-dire que, n'en comprenant pas l'esprit, ils furent réduits à n'en produire que de faux semblants, que de maladroites contrefaçons. Au surplus, l'exemple de la cathédrale de Milan, pour être le plus éclatant, n'est pas le seul qu'on rencontre en Italie.

Rentrons, je vous prie, mon cher ami, dans l'intérieur du temple, car pendant que nous nous y promenions, j'ai oublié de vous signaler deux remarquables ouvrages accessoires de la Renaissance. Le premier, que vous connaissez peut-être de réputation, c'est le mausolée élevé par le pape Pie IV en l'honneur de son frère Jean-Jacques Médicis, dit le *Medichino*, un des lieutenants de Charles-Quint. Appliqué contre le mur ouest du croisillon méridional, ce monument est divisé en trois parties par quatre colonnes de marbre rouge. La partie centrale, plus large, est occupée par un petit portique en avant-corps servant de logette à la statue en bronze du guerrier, lequel est debout, tête nue, vêtu à l'antique et drapé d'un grand manteau tombant jusqu'aux talons. D'une main le personnage relève un pan de la draperie qui le couvre, de l'autre il s'appuie sur son casque. Les deux autres travées sont occupées par des figures allégoriques également en bronze, mais assises, représentant l'une l'Héroïsme militaire, l'autre la Paix. Au-dessus de la corniche, un acrotère divisé par des pilastres correspondant aux colonnes dont il vient d'être parlé sert de socle à deux autres statues : la Prudence et la Renommée. Aux extrémités sont placés des candélabres; au milieu, les armes des Médicis soutenues par deux figures en manteau funèbre. Enfin des inscriptions commémoratives sont gravées dans les champs, en marbre blanc, des entre-colonnements.

Je ne sais, mon cher ami, si ce *léger crayon* pourra vous donner une idée de la chose, mais vous imagineriez difficilement l'effet de ce mausolée, même en lisant les deux grands noms d'artistes dont il est signé : Michel-Ange et Arétin. Quant à moi, je connais peu de compositions architecturales dont les parties soient disposées avec une aussi admirable entente des lois du beau. C'est tout simplement l'Harmonie elle-même taillée en marbre et coulée en bronze. Je sais bien qu'il ne s'agit, en définitive, que d'un édicule qu'on mesurerait en quelques pas, mais qu'importe les dimensions d'une œuvre d'art? Un sonnet sans défaut ne vaut-il pas mieux qu'un long poëme?

L'autre chose dont j'ai encore à vous parler, c'est la clôture du chœur, dont Tibaldi fut l'architecte. La face extérieure de cette clôture est divisée en dix-sept travées, occupées par autant de bas-reliefs dont les sujets appartiennent à l'histoire de Jésus-Christ et de la sainte Vierge. Ces bas-reliefs, que je ne veux pas décrire, car ma lettre est déjà trop longue, sont tous d'une exécution très-remarquable; toutefois ce qui les surpasse en beauté ce sont les trente-quatre cariatides qui supportent la corniche de couronnement. Je dis cariatides, mais peut-être n'est-ce pas là le mot propre, car il s'agit de gaînes très-élégantes se terminant par une tête d'ange *adulte* (permettez-moi cet adjectif), d'une sérénité qui doit être céleste. Ces têtes, coiffées d'une sorte de diadème et qu'accompagnent des ailes supérieurement ajustées, sont d'une noblesse de lignes et d'expression dont j'ai vu peu d'exemples. Vous n'avez pas l'idée de leur admirable tournure. J'en fus si charmé pour mon compte, qu'une heure avant de quitter Milan je leur fis une visite supplémentaire pour avoir le plaisir de les admirer une dernière fois.

Tels sont, mon cher ami, les souvenirs que j'ai conservés du Dôme de Milan. Certains enthousiastes m'en voudront peut-être d'avoir manqué parfois de respect à cette *merveille*, mais à qui la faute? A la merveille, sans doute, qui n'a pas su m'inspirer ce respect.

V

A M. Eugène Millet, architecte.

Milan. L'église Saint-Ambroise. L'architecture lombarde.

Le meilleur contre-poison de la triste architecture du Dôme de Milan c'est l'église Saint-Ambroise. Fondée au ive siècle par l'illustre évêque auquel plus tard elle a été dédiée, cette belle église fut construite vers le xie siècle ; elle appartient à ce qu'on appelle là-bas le style lombard... Mais je vous entends d'ici vous écrier : Qu'est-ce donc exactement que ce style lombard à propos duquel les archéologues de tous les âges et de tous les pays se sont déjà tant de fois et si bien escrimés? Grande question, mon cher ami ! Aussi ne vous attendez pas à la voir résoudre par votre serviteur. Je vais tâcher cependant de faire passer sous vos yeux les pièces les plus importantes du procès, et vous déciderez vous-même dans votre sagesse. La chose vaut bien la peine, d'ailleurs, qu'on s'y arrête un moment.

Commençons par le connu. Vous savez qu'à une certaine époque de l'histoire des arts, l'Italie se trouva en présence de deux architectures très-distinctes: les églises à coupoles de Ravenne, bâties par des architectes grecs pour les chrétiens d'Orient, et les basiliques romaines, dont les chrétiens d'Occident s'étaient emparés et qu'ils avaient appropriées à leur culte?

Vous savez aussi qu'à une autre époque les monuments de l'architecture subirent des modifications profondes, une transformation à peu près radicale. Les églises, qui avaient été couvertes jusque-là soit par des coupoles, soit par des charpentes, furent désormais voûtées; leurs points d'appui devinrent plus résistants; aux colonnes isolées des basiliques on substitua des piliers cantonnés de colonnettes ou de pilastres qui s'allongèrent indéfiniment, sans souci de la tradition romaine, pour aller recevoir les retombées des voûtes. Enfin les nouvelles constructions affectèrent cette tendance à l'élancement qui devait être un des traits les plus caractéristiques de l'architecture que nous désignons en France sous le nom de *romane*.

Tout le monde est d'accord jusqu'ici, mais où l'on ne peut plus s'entendre c'est sur la question de savoir à qui ou à quoi il faut attribuer cette révolution architectonique. A tort ou à raison, on a cru longtemps, surtout en France, que l'honneur devait ne revenir aux Lombards, et que, par conséquent, cette révolution avait dû s'accomplir du vi" au viii" siècle. Séroux d'Agincourt contribua beaucoup pour sa part à accréditer cette idée fausse ou vraie; mais les Italiens, il faut leur rendre cette justice, la combattirent toujours de toute la force de leur patriotisme. C'est ainsi qu'en 1828, quelques membres de l'Athénée de Brescia, intéressés, on le conçoit, à revendiquer au profit de leur nationalité l'honneur d'avoir élevé les monuments considérés à tort, selon eux, comme des ouvrages lombards, mirent la question au concours. C'est-à-dire que confiants dans la légitimité de leurs prétentions, et aussi peut-être dans le patriotisme de ceux de leurs nationaux qui prendraient part au concours, les archéologues brescians voulurent se faire autoriser une bonne fois à rayer de leur vocabulaire l'expression *style lombard,* aussi peu euphonique, on le conçoit, pour des oreilles italiennes, que pourraient l'être les mots : *style autrichien.*

L'entreprise eut tout le succès qu'on en pouvait attendre. Deux mémoires furent couronnés par les juges du concours : l'un, qui mérita le premier prix, était signé de M. le comte de San-Quintino, conservateur du musée égyptien de Turin; l'autre, auquel il fut accordé une mention honorable, était l'œuvre de

MM. Sacchi frères. Dans ces deux mémoires, les concurrents arrivèrent à cette conclusion prévue que, à proprement parler, *il n'existe pas d'architecture lombarde.*

Je ne connais pas le texte de ces mémoires, publiés il y a trente ans, le premier à Brescia, l'autre à Milan, mais j'en connais la substance par l'analyse qu'en a donnée M. Vitet dans ses *Études sur les beaux-arts.* Or, la lecture de cette intéressante note, qui est un petit chef-d'œuvre de concision et de clarté, peut nous dispenser vous et moi, mon cher ami, de courir après les documents originaux.

Voici sommairement les réflexions que suggèrent les deux mémoires italiens, si bien analysés par M. Vitet :

Les Lombards, ces barbares d'origine scandinave qui, après avoir erré pendant plusieurs siècles à travers le monde, forcèrent en 568 les frontières d'Italie, apportèrent-ils avec eux, dans cette contrée, le germe d'un art nouveau, ou, ce qui revient au même, purent-ils imposer au peuple artiste qu'ils avaient asservi une architecture nouvelle? MM. de San-Quintino et Sacchi se prononcent nettement dans leurs mémoires pour la négative. Ils ne veulent pas admettre que ces hordes, plus arriérées encore en civilisation que les Goths, dont elles avaient pris la place, aient pu exercer sur les vaincus une influence autre que celle de la force brutale se manifestant par le pillage, les massacres et les rapines de toute sorte qui signalèrent leur domination en Italie. Ils disent avec une grande apparence de raison que si de pareils conquérants, adoucis à la longue par les tièdes caresses du climat de l'Italie, s'avisèrent un beau jour d'élever des édifices, ils durent nécessairement avoir recours aux artistes italiens, lesquels, dans ce cas, ne purent qu'obéir à leur sentiment propre, c'est-à-dire se montrer, selon les lieux où ils opéraient, les continuateurs, ici de l'art néo-grec, ailleurs de l'art romain.

Au surplus, les lauréats de l'Athénée brescian ne se bornèrent pas à ces considérations qu'on pourrait trouver un peu conjecturales; ils abordèrent résolûment un autre ordre d'idées; ils interrogèrent les édifices mêmes, non en artistes, sans doute, puisque cette qualité manquait chez eux pour donner à leurs appréciations toute l'autorité désirable, mais en érudits. Ne pouvant résoudre le problème par une critique raisonnée des différents systèmes architectoniques qui étaient en question, ils eurent recours aux monuments écrits, ils fouillèrent courageusement telles et telles archives dans la poussière desquelles ils firent de véritables découvertes, et c'est armés de témoignages authentiques, et de chiffres plus éloquents encore, qu'ils formulèrent leurs conclusions.

S'attaquant d'abord à l'église Saint-Michel, de Pavie, dont Séroux d'Agincourt, dans son *Histoire de l'art par les monuments*, fait remonter, sans preuves, l'origine jusqu'au vi^e siècle, M. de San-Quintino démontra, pièces en main, que l'édifice du même nom, bâti à cette époque, fut détruit en 924 lorsque les Hongrois brûlèrent l'ancienne Pavie ; qu'un nouvel incendie allumé en 1004 en consuma les derniers restes, et que l'église actuelle, dont la physionomie a d'ailleurs tous les caractères de ce que nous appelons l'architecture romane, est tout simplement un ouvrage du xie siècle.

Mais pour établir péremptoirement que les Lombards n'inventèrent rien en fait d'architecture, il ne suffisait pas de signaler ce singulier anachronisme de notre compatriote d'Agincourt, il fallait découvrir des édifices qui appartinssent d'une façon indubitable à l'époque de la domination lombarde, et c'est ce à quoi M. de San-Quintino est parvenu. Lucques, par une sorte de privilége bien rare et peut-être unique, possède encore des archives qui remontent sans interruption jusqu'au ve siècle de notre ère ; c'est ce précieux trésor de témoignages historiques qui fournit au savant archéologue de Turin ses plus décisifs arguments. Il trouva là les actes de naissance et toute l'histoire écrite de deux églises véritablement lombardes : Saint-Michel et Saint-Fridien. Or ces églises, restées intactes, sauf quelques modifications sans importance, appartiennent par leur style à la tradition romaine; elles sont sœurs de la basilique de Saint-Clément, bâtie en 824, à Rome, au pied du mont Celio.

D'où l'on peut conclure avec MM. de San-Quintino et Vitet que si, au VIIe ou au VIIIe siècle, les Lombards purent reproduire presque exactement dans certains édifices la disposition des basiliques primitives, c'est qu'évidemment ils n'étaient pas en possession d'un système d'architecture qui leur fût propre et qu'ils n'eussent pas manqué d'imposer aux vaincus.

Les choses en étaient là, mon cher ami, lorsque récemment, tout fut remis en question par M. Léonce Reynaud dans le texte de la seconde partie de son *Traité d'architecture*. M. Reynaud croit à l'existence d'une architecture lombarde et il y croit surtout parce qu'il lui paraît impossible que l'architecture romane ait pu naître et se développer presque simultanément en Italie et dans le nord de l'Europe.

C'est aussi l'église Saint-Michel, de Pavie, que M. Reynaud a prise pour objet des consciencieuses études faites par lui sur cette question d'archéologie; avec cette différence toutefois que, contrairement aux

conclusions des lauréats de l'Athénée brescian, l'église
de Pavie est pour lui la preuve qu'il faut attribuer
aux Lombards, ou au moins à leur influence, les
transformations architectoniques qui amenèrent la
période romane. Le savant auteur du *Traité d'architecture* ne conteste pas que l'édifice primitif ait été
détruit au IXe siècle ; il reconnaît même que, recon-
struite après ce premier désastre, l'église Saint-Michel
a dû être atteinte de nouveau par l'incendie de 1004
qui réduisit en cendres le palais des rois lombards,
auquel elle était contiguë. M. Reynaud concède tout
cela, mais, il faut le dire, pour en tirer des conséquences toutes nouvelles. Renvoyant son lecteur aux
excellentes gravures qu'il donne de *Saint-Michel de
Pavie*, M. Reynaud fait remarquer que la partie inférieure du pignon du sud est construite en pierres
de taille noirâtres; qu'elle est surélevée d'une autre
maçonnerie de pierres d'une teinte et d'un appareil
différents, et enfin que la partie supérieure de l'édifice est bâtie en briques. D'où le savant auteur croit
pouvoir conclure que ces divers modes de construction indiquent des ouvrages exécutés à d'assez longs
intervalles; c'est à-dire que la base remonte à
l'époque lombarde, que la partie au-dessus a suivi
les désastres de 924, et que le sommet appartient aux
travaux nécessités par l'incendie de 1004.

Vous savez avec quel talent, comme écrivain et comme artiste, M. Reynaud peut discuter une question de la nature de celle-ci? Eh bien! malgré ce talent, auquel plus d'une fois déjà j'ai eu le plaisir de rendre hommage, les convictions du savant professeur n'ont pu, je l'avoue, devenir miennes. Avec tout le respect que m'inspirent le mérite bien connu et l'expérience de l'honorable professeur, je dois dire que son système m'a paru pécher par la base. Ainsi le point de départ de l'argumentation de M. Reynaud c'est la partie inférieure du pignon du sud, cette construction en pierres *noirâtres*, divisée en tranches verticales par des colonnettes engagées. Mais à quoi donc M. Reynaud reconnaît-il que cette maçonnerie porte une date lombarde? Qui prouve que les assises de pierres *d'une autre teinte* qui lui sont superposées appartiennent plutôt au xe qu'au xie siècle? L'historien lombard Luitprand, qui écrivait dans la seconde moitié du xe siècle, ne dit-il pas que l'édifice fut ruiné *de fond en comble* en 924? Sans doute, ainsi que le suppose M. Reynaud, quelques pans de mur purent être épargnés par les Hongrois et subsister à travers les reconstructions successives, mais fournit-on la preuve de ce fait? Non, ce n'est là qu'une supposition, et dans ce cas, par conséquent, les inductions qu'on en peut tirer, si ingénieuses et si bien présentées qu'elles soient, ne peuvent être considérées que comme des hypothèses. Un fait certain, c'est que la façade principale de l'église Saint-Michel, que M. Reynaud attribue arbitrairement au x⁰ siècle et qui doit être du xɪᵉ, présente une grande analogie avec celle du pignon prétendu lombard du sud : pourquoi donc ces deux façades ne seraient-elles pas considérées comme à peu près contemporaines, sauf à être l'œuvre d'architectes différents ?

Quant à l'intérieur de l'édifice, dont l'ordonnance a tous les caractères de l'architecture romane, l'habile professeur reconnaît qu'on n'y trouve pas la preuve que les piles cantonnées de colonnes, constituant les points d'appui de la nef, soient d'origine lombarde.

Ainsi, de l'aveu même de M. Reynaud, les seuls ouvrages de cet édifice qui soient, selon lui, susceptibles d'être attribués aux Lombards, se réduisent aux parties basses de l'abside et des pignons du nord et du sud. Mais, encore une fois, sur quel fait certain, sur quel document authentique l'honorable auteur appuie-t-il son opinion à cet égard? Pour asseoir son raisonnement, je le répète, M. Reynaud est obligé de supposer que de cette église, dont l'histoire parle (postérieurement à l'an 968) comme ayant été ruinée de fond en comble, quelques pans de murailles restérent debout et servirent aux réédifications que le temps nous a conservées. Très-bien ; mais si à cette supposition on vient en opposer une toute contraire, que devient alors la théorie de M. Reynaud? Et, en effet, n'est-il pas plus que probable que l'église actuelle, dont le plan n'est ni byzantin ni romain, n'est autre chose que la reconstruction qui a suivi l'incendie de 1004 ? Eh quoi ! parce que la nature et l'appareil des matériaux employés à Saint-Michel de Pavie indiquent trois époques différentes, est-ce à dire pour cela que ces époques soient nécessairement les VIIe, X^e et XIe siècles ? Est-ce que dans tout le cours de ce XIe siècle il n'y a pas place pour une reconstruction faite à trois ou quatre reprises différentes, sans qu'on soit obligé de rétrograder jusqu'aux Lombards?

Au surplus, pour un signe que M. Reynaud croit pouvoir considérer comme affirmatif, et qui est certes fort contestable, il y a vingt preuves négatives qu'il faut à toute force admettre, car c'est l'histoire et les documents les plus certains qui les fournissent.

Par exemple, sans parler des églises Saint-Michel et Saint-Fridien, de Lucques, qui suffiraient, à la rigueur, pour renverser le système de M. Reynaud, comment donc admettre qu'au IXe siècle, Charlemagne à Aix-la-Chapelle; au Xe siècle, les Vénitiens à Saint-Marc et à Torcello ; et, vers la même époque, les

Français à Périgueux, à Angoulême, et dans presque toute l'Aquitaine, aient pu élever des édifices byzantins, tandis qu'un nouveau style d'architecture eût été adopté dans l'Italie du nord depuis deux ou trois siècles? Comment expliquer l'absence de toute trace de cette architecture prétendue lombarde, autre que les moellons noirâtres de Saint-Michel de Pavie?

Toutefois, mon cher ami, en adoptant les arguments de M. de San-Quintino, lesquels sont pour la plupart sans réplique, puisqu'ils s'appuient sur des preuves matérielles, je ne voudrais pas accepter la responsabilité de cette conclusion finale de son mémoire, d'où il résulterait que l'architecture romane est d'origine normande. Peut-être l'honorable archéologue veut-il en cela trop prouver; mais peut-être aussi M. Reynaud, de son côté, va-t-il trop loin en protestant si énergiquement contre une assertion qui, en définitive, n'est ni tout à fait inadmissible, ni trop désobligeante pour nous. Il y a ceci de curieux dans cette affaire que M. de San-Quintino formulait cette opinion à une époque où l'école *quatremérienne* criait partout sur les toits que l'art français n'existait pas, que nous n'avions jamais rien inventé en fait d'architecture, que nos principaux monuments romans ou gothiques étaient l'ouvrage des Anglais, que la plupart de ceux de la Renaissance étaient dus à des artistes italiens, que la cathédrale de Cologne était la mère Gigogne de tous les édifices français de style ogival, et je ne sais plus quelles autres billevesées de même étoffe.

Assurément nos voisins d'outre-Manche, d'outre-Rhin et d'outre-monts durent trouver bien étrange alors cette folie d'abnégation ou de dénigrement qui portait nos artistes et nos archéologues à se dépouiller ainsi, au profit de civilisations étrangères, de ce qui constitue les plus pures gloires de notre pays. Selon moi, la conclusion de M. de San-Quintino prouve tout simplement que l'Italie, reconnaissante, ne voulut pas être en reste avec nous, et qu'en faisant de la Normandie le berceau de l'architecture romane, le savant archéologue nous accorda courtoisement une fiche de consolation, celle, par parenthèse, à laquelle l'Italie attache le moins d'importance. Quoi qu'il en soit, aujourd'hui que trente années de discussions, de travaux et de découvertes ont jeté un peu de lumière sur notre histoire monumentale, il est permis de se montrer un peu plus Français, et de dire que l'Italie n'a pas plus fait l'architecture française que la France n'a fait l'architecture italienne; que chaque peuple fait son art comme il fait sa langue, et que, en définitive, notre art et notre langue sont tels que nous n'avons rien à envier aux autres.

Pardonnez-moi cette digression, un peu longue je l'avoue, et revenons brusquement, si vous le voulez bien, à l'église Saint-Ambroise.

La grande nef de cet édifice est couverte par des voûtes d'arêtes établies sur un plan à peu près carré et dont les nervures sont reçues à leurs retombées par des colonnettes engagées dans les pieds-droits. Chaque voûte embrasse deux travées. Une galerie superposée à chacun des bas-côtés est éclairée sur la nef par des ouvertures jumelées, à plein-cintre, s'ouvrant sous les formerets. Cependant, les voûtes actuelles ne datent que des premières années du xive siècle. Quant aux détails, si je pouvais reproduire ici la plupart des chapiteaux qui couronnent les points d'appui de cette nef, vous admireriez de tous vos yeux ces charmantes compositions, que fait valoir encore une exécution véritablement irréprochable. Toutefois, ne confondons pas: parmi ces chapiteaux, il en est quelques-uns provenant évidemment de l'édifice primitif, qui sont plus curieux que beaux ; à défaut d'autre mérite, ils témoignent de l'infériorité des artistes antérieurs au xie siècle, qui n'appartenaient pas à l'école néo-grecque.

Le même goût, la même habileté dans l'art de ciseler le marbre, que je vous ai signalés plus haut, se retrouvent dans les sculptures du beau cloître qui précède l'église en s'y reliant par deux de ses côtés. Ce portique plein-cintre, dont les murs sont incrustés de fragments antiques ou du moyen âge, a la plus grande et la plus noble tournure qu'on puisse imaginer. J'ai remarqué, parmi tous les vieux restes réunis sous ce pieux abri, quelques peintures assez mal conservées; une urne sépulcrale de l'an 800, contenant les cendres d'un guerrier nommé Petrasanta; des inscriptions plus ou moins indéchiffrables, et enfin le tombeau d'un savant illustre du xve siècle, Candide December, l'historiographe du duc Philippe Visconti.

L'entrée principale de l'église est fermée par deux vantaux en bois de cyprès, d'un travail très-remarquable, qu'il a fallu défendre par des grilles de fer contre les excès d'une dévotion qui, à la longue, les eût réduits en miettes, sous prétexte de reliques. Vous savez que c'est du seuil de son église que saint Ambroise repoussa Théodose après le massacre de Thessalonique : est-ce à ce souvenir historique qu'il faut attribuer l'espèce de culte dont ces vantaux de porte sont devenus l'objet? Cela pourrait bien être. Cependant ces portes sont loin d'être contemporaines de l'illustre évêque de Milan; elles sont considérées comme un ouvrage du ixe siècle, et peut-être serait-il facile de prouver qu'elles datent d'une époque plus récente. Heureusement il n'y a que la foi qui nous sauve.

Le maître-autel de l'église Saint-Ambroise est célèbre par le *paliotto* d'or dont il est revêtu, lequel est un très-beau travail d'orfévrerie donné, en 855, par l'archevêque Angilbert Pusterla. Le *ciborium* n'est pas moins remarquable ; il se compose de quatre colonnes de porphyre supportant une coupole en terre cuite, dont chaque face présente un arc plein-cintre surmonté d'un pignon. Je ne vous décrirai pas les bas-reliefs dont ces pignons sont décorés, cette description ne vous intéresserait guère, mais je puis vous dire que ces ouvrages sont d'un excellent style, que l'ornementation accessoire en est très-riche, et que tous ces reliefs dorés s'enlevant sur un fond bleu donnent à l'ensemble de l'édicule une très-belle couleur.

C'est à Milan que j'ai vu les premiers échantillons de ces belles mosaïques murales dont je devais trouver tant d'autres exemples en Italie. L'une des mosaïques de Saint-Ambroise décore le cul-de-four de l'abside : c'est une sorte de Glorification du Christ. Au centre, le Sauveur, assis sur un trône, tient de la main gauche un livre ouvert où se lisent ces mots : *Ego sum lux mundi*. A ses côtés se tiennent les saints Gervais et Protais. A droite et à gauche de ce groupe principal sont figurées des épisodes de la vie de saint Martin et de saint Ambroise; enfin, dans les airs planent deux archanges aux ailes déployées. Malgré la sécheresse de ma description, cette mosaïque d'un grand caractère, vue de la nef à travers le voile transparent de la perspective aérienne, produit le plus bel effet. Je vois encore d'ici dans mon souvenir ces figures aux contours d'une sévérité un peu roide, mais non sans grâce, se dessinant en traits nets et fermes, et toutes ces étincelles d'or scintillant dans la demi-teinte d'un fond bleu-lapis. Les peintres auront beau faire avec leurs couleurs délayées à l'eau ou à l'huile, et malgré la science du modelé, qu'ils possèdent si bien aujourd'hui, ils n'arriveront jamais à la puissance de couleur et au caractère monumental de ces peintures presque éternelles. Cette mosaïque et le *ciborium* du maître-autel passent à Milan pour dater du ixe siècle, mais c'est évidemment là une erreur. Ces deux ouvrages sont contemporains sans doute, seulement il faut les reporter au xie siècle, auquel ils appartiennent de plein droit. Comme exécution et comme style, ces mosaïques ne diffèrent en rien de celles qui tapissent les coupoles de l'église Saint-Marc de Venise; or, ces dernières ont une date certaine.

Si vous allez jamais visiter cette église Saint-Ambroise, je souhaite, mon cher ami, que vous puissiez trouver là le jeune custode qui m'y a servi de cicerone ; il est intelligent et d'une complaisance d'autant plus aimable qu'elle n'est jamais obséquieuse. Grâce à lui, je pus voir et feuilleter à mon aise plusieurs antiphonaires des xve et xvie siècles, curiosités devenues rares dans notre pays. Mais ce qui surtout m'a laissé un bon souvenir de ce custode, c'est la façon distincte dont il articule les mots de sa langue quand ces mots s'adressent à des oreilles françaises. Ce fut à ce point que, malgré mon inexpérience *della lingua italiana,* je ne perdis presque rien de ce qu'il me débita pendant plus d'une heure que je l'eus à mon service. Il ne faudrait pas pourtant, je dois l'avouer, prendre toujours à la lettre l'érudition de ce naïf sacristain. Ainsi, à ses yeux, le serpent de bronze qui figure dans la nef sur une colonne de granit, et qui fut, je crois, rapporté de Constantinople, n'est autre que celui de Moïse, le même qui doit siffler à la fin du monde ! Une autre croyance, que je lui laisserai aussi pour compte, c'est que le tombeau qui se trouve sous la chaire est celui du général romain Stilicon, qui fut régent de l'empire d'Occident après avoir épousé la nièce de Théodose. Certes ce n'est point là une œuvre du Bas-Empire ! Toutefois je fus si touché du gracieux empressement que mettait mon guide à me communiquer sa science, que je me fis un scrupule de combattre ses convictions religieuses et archéologiques. Vous êtes vous-même trop bienveillant, mon cher ami, pour désapprouver la discrétion dont j'ai fait preuve en cette circonstance.

A M. Danjoy, architecte.

VI

Milan (suite). Les églises de Saint-Simplicien, Saint-Marc, Sainte-Marie des Grâces, Saint-Satire, la Madone près Saint-Celse, Saint-Laurent. — Le grand hôpital. La Bourse, le Palais Palatin, la Loggia degli Osii, le Palais Marino.

Après le Dôme, qui est le plus volumineux des édifices de Milan, et l'église Saint-Ambroise qui, pour l'art religieux du moyen âge, en est le plus intéressant et le plus complet, arrivent par rang d'ancienneté les églises Saint-Simplicien et Saint-Marc. La fondation de l'église Saint-Simplicien remonte au IVe siècle de notre ère, mais cette date est, vous le devinez, mon cher ami, tout ce qui reste aujourd'hui de l'édifice primitif. *San Simpliciano* est une sorte de basilique du XIIe siècle, bâtie sur un plan en forme de croix latine, avec coupole centrale au-dessus du transsept. Quant aux détails de ce monument, comment pourrais-je vous en parler avec connaissance de cause? Il n'en reste que de grossiers semblants. Je veux dire que cette église ayant eu récemment à endurer le supplice d'une restauration, force lui a été, la malheureuse, de subir l'outrage du ciseau moderne; toute son ornementation a été, sous prétexte de retaille, indignement mutilée. Si vous ne connaissiez pas notre église abbatiale de Saint-Denis, il me serait impossible de vous donner une idée d'un pareil massacre. Les chapiteaux et les bases des piles de la nef, grattés, ciselés, ratissés, et, je crois, encaustiqués, semblent sortir du même moule, et quel moule! C'est froid, c'est sec, c'est mort comme des objets en fonte de fer *terminés* par un inintelligent ciseleur du faubourg Saint-Antoine. Les fûts de ces piles, coupables peut-être de porter les traces de quelques dégradations, ont été impitoyablement retondus, bêtement amaigris, et sont devenus presque aussi ridicules que ceux qui leur ont joué ce mauvais tour. J'ai oublié le nom de l'ingénieur milanais, auteur de cet acte de vandalisme, et j'en suis bien aise; car je commettrais certainement l'indiscrétion de l'écrire ici.

La charpente du comble de la nef est masquée par des voûtes postiches formées de cerces en menuiserie que recouvre un enduit de mortier. Ces voûtes, restaurées par la même main, hélas! ont été peintes par compartiments de couleurs avec la prétention d'imiter diverses natures de marbres. Il est impossible d'imaginer rien de plus laid que cette carte d'échantillons ressemblant à un habit d'arlequin. On se demande ce que font là ces tons crus, criards, discordants, qui pourraient si bien n'y pas être, et comment les paroissiens de *San Simpliciano* ne se soulèvent pas en masse contre ce bariolage ridicule. Les Italiens du nord, il est vrai,—je parle des modernes,—sont, à mon avis, les gens les moins coloristes du monde. Non pas qu'ils se montrent les ennemis de la couleur; au contraire, ils en recherchent partout les effets les plus éclatants, mais pour les yeux seulement et sans plus de discernement que cet oiseau siffleur qu'un chiffon de drap écarlate accroché au barreaux de sa cage semble pâmer d'aise et consoler de sa captivité. On trouve partout en Italie dans les églises, sur les façades des maisons, sous les portiques, dans les cours, au fond des *loggie* et jusque dans les cabinets de toilette, des peintures décoratives; mais la qualité de ces ouvrages est loin, bien loin, d'être en rapport avec leur quantité. Aussi se lasse-t-on vite de ces décorations de pacotille qui provoquent à chaque pas le regard sans le satisfaire jamais.

Le plus charmant souvenir que j'aie conservé de cette église se rapporte aux deux tribunes établies dans le transsept, à droite et à gauche du chœur, ou plutôt aux frises de ces tribunes, lesquelles sont décorées chacune d'une suite de jolis enfants qui doivent être l'œuvre d'un maître de la renaissance, si l'on en juge par le style et la composition. J'ai vu peu de peintures décoratives d'une aussi grande fraîcheur de coloris et d'un plus joli dessin. Heureusement ces tribunes sont restées vierges de toute restauration.

L'église Saint-Marc, située à quelques pas seulement de la précédente, dans la direction de l'est, a plus d'un lien de parenté avec *San Simpliciano*. C'est encore une basilique bâtie à peu près sur le même plan. Ce en quoi elle différa pour moi de sa voisine, c'est que je me cassai le nez en arrivant à sa porte, qui était hermétiquement close. Mais j'y perdis peu sans doute, car mon guide m'apprit que l'intérieur en était moderne. Je ne puis donc vous parler que de sa façade du XIIIe siècle, qui, malgré des remaniements et des mutilations véritablement barbares, conservé encore un assez bon air. L'ordonnance en est très-simple et accuse très-bien la disposition intérieure du vaisseau. Cela se borne à un grand pignon séparé de deux bas-côtés couverts en appentis par des contre-forts qui sont le prolongement des murs longitudinaux de la nef. Vous voyez cela d'ici, pour l'ensemble, au moins. Une seule porte, dont la baie s'ouvre au fond d'une voussure peu profonde, donne entrée à l'église; au-dessus de cette porte trois niches ogivales à cinq lobes, garnies de leurs statues, sont séparées par des colonnettes et encadrées ensemble dans un large bandeau sculpté, le tout formant un assez élégant motif de décoration ; à droite et à gauche de ces niches deux fenêtres, également ogivales ; dans la partie supérieure du pignon une large rose ; tels sont les traits principaux du dessin de cette façade. Quant aux détails : les trois archivoltes concentriques et légèrement aiguës, formant la voussure de la porte, sont unies et reposent, à la retombée, sur des colonnettes engagées. Le linteau est divisé en sept compartiments, celui du milieu occupé par le Christ, et les autres par les figures des évangélistes et par deux évêques. Le tympan de la porte est orné d'une peinture. Enfin, la grande rose et les deux fenêtres ont été murées et une ouverture horrible de forme a été pratiquée après coup, au xviie siècle, je pense, dans la maçonnerie de remplissage de cette rose.

Si vous avez compris quelque chose à mes descriptions, mon cher ami, et je le souhaite vivement sans l'espérer beaucoup, vous devez en conclure qu'il y a dans la façade de *San Marco* certaines dispositions d'origine évidemment française; cependant la physionomie propre de cette architecture est tout autre que celle de nos édifices de la même époque. Sans parler de la couleur résultant du mélange de la brique et du marbre, et qui ne ressemble guère aux tons doux et tranquilles des pierres calcaires généralement employées chez nous, les différences sont très-grandes, quant au système de construction, à l'emploi et à l'appareil des matériaux. Ainsi, quand dans notre architecture la pierre est mêlée à la brique, ces matériaux sont étroitement reliés l'un à l'autre par des harpes établissant entre eux une solidarité nécessaire, en même temps que cette liaison adoucit pour l'œil le passage subit d'un ton clair à un ton vigoureux. Il n'en est pas ainsi dans les édifices italiens, où les architectes du moyen âge paraissent s'être peu inquiétés de ménager ces transitions. Les éléments constitutifs de leurs constructions sont toujours séparés par les lignes sèches, roides, du marbre blanc ou de la terre cuite, et ces démarcations fâcheuses sont telles que le regard s'y accroche sans cesse et qu'il devient ainsi parfois très-difficile de saisir l'ensemble d'une composition monumentale et d'en bien juger. Si l'on ne savait la chose impossible, on pourrait croire que ces édifices, construits d'abord en briques, ont reçu, après coup et par incrustation, tous les ouvrages en marbre taillés ou sculptés qui sont pourtant le principal, l'ossature de la construction, tandis que les parties en brique n'en sont à proprement parler que le remplissage.

Une particularité curieuse de la façade de cette église, c'est que sa partie inférieure est à peu près française par son style, tandis que l'ornementation des trois niches, des fenêtres et de la grande rose du pignon accuse le goût arabe.

Somme toute, l'architecture milanaise du xiiie siècle, dont *San Marco* est l'échantillon le mieux conservé, ne saurait donner une haute idée de la science et de l'imagination des artistes lombards de cette époque. Cette architecture manque de parti pris; elle n'a ni relief ni accent; elle n'est enfin qu'un pâle reflet des beaux modèles de la période ogivale française.

Je n'ai pas vu d'églises du xive siècle à Milan et je ne crois pas qu'il en existe; mais, en revanche, celles des xve et xvie siècles y sont si nombreuses que je dus borner mes explorations à quelques-unes d'entre elles, aux plus intéressantes, bien entendu. Parmi ces dernières, *la Madonna delle Grazie* jouit d'une célébrité qui lui valut ma première visite. C'est à elle que je courus d'abord, et avec d'autant plus d'empressement que toute la partie postérieure de cet édifice est de Bramante. J'étais bien aise de pouvoir enfin toucher du doigt une œuvre du célèbre architecte de

Jules II. Je me contentai pourtant de mes yeux pour m'assurer de la réalité de deux morceaux très-vantés de l'église Sainte-Marie des Grâces : la coupole et la sacristie. La coupole, qui extérieurement ne ressemble nullement à un dôme, comme certains pourraient le croire, est élevée de deux étages au-dessus des combles, sur une plan polygonal ayant seize côtés. Je vous détaillerais bien cette coupole, mais à quoi bon? il y aurait trop de choses à mentionner pour que ma description eût la chance de vous paraître claire. Ouvrez donc l'un de vos portefeuilles; vous y trouverez, je n'en doute pas, un croquis, un dessin, une gravure quelconque représentant cet édifice, et vous saurez comme moi que chacun des côtés du polygone contient en élévation, dans sa partie inférieure, deux fenêtres carrées à chambranle, frise et fronton, dont le vide est divisé par une colonne formant meneau; trois pilastres, une dizaine de balustres appliqués et une corniche. Quant à la partie supérieure, elle se compose, vous le savez si vous avez suivi mon conseil, d'une galerie à jour pourtournant l'édifice, d'un bahut plein à panneaux, recevant les colonnes de cette galerie, et enfin d'un comble à seize pans, surmonté d'une lanterne couvrant le tout. Cette coupole, ou soi-disant telle, est d'une belle couleur et l'effet général en est très-satisfaisant. La brique, le marbre des colonnes et le crépis jadis blanc recouvrant les partis lisses de la construction, tout cela s'est fondu avec le temps dans un ton rosé très-doux à l'œil, surtout quand le soleil le dore de ses chauds rayons.

La sacristie, qui flanque à droite cette coupole, est une sorte d'abside élevée de deux étages dont la décoration extérieure se compose principalement de ces pilastres à tables renfoncées ou à candélabres, d'écussons, de couronnes et de médaillons à l'antique, dont on fit alors un si grand abus. Néanmoins, tout cela est d'un excellent dessin, d'une exécution très-fine, très-soignée, souvent charmante. Il ne manque qu'une chose à cette architecture si ingénieusement composée, si pleine de précieux détails, si jolie enfin, c'est la grandeur de conception, c'est, dans l'acception la plus élevée du mot, le style. Cependant telle qu'elle est cette architecture, originale pour son temps, est certainement préférable à celle de la seconde manière du maître et dont le petit temple circulaire de *San Pietro in Montorio* est le meilleur échantillon. A Milan Bramante, tout en s'inspirant de l'antiquité, cherchait évidemment pour son art des expressions nouvelles; à Rome, au contraire, soit qu'il eût à subir l'influence de Jules II, soit qu'en cela il n'obéît qu'à son sentiment particulier, l'amour exclusif du passé l'emporta chez lui sur tout le reste. Quoique d'un caractère plus grandiose, les édifices qu'il éleva dans la ville éternelle ne sont guère, à tout prendre, que des pastiches plus ou moins pompeux des monuments antiques.

Je ne puis quitter l'église Sainte-Marie des Grâces sans rappeler à votre souvenir, mon cher ami, que c'est dans un ancien réfectoire y attenant que se trouve la fameuse *Institution de l'Eucharistie*, le *Cenacolo* de Léonard de Vinci. Tout a été dit sur cette magnifique peinture, et par des gens mieux autorisés que moi à en vanter les beautés; ne vous attendez donc pas à une nouvelle édition des formules élogieuses dont elle a été saluée par tous les voyageurs qui se sont succédé en Italie, depuis le président De Brosses jusqu'à M. Charles Blanc. Tout ce que j'en puis dire, c'est que l'éloge est resté encore au-dessous de la vérité, puisque, si bien prévenu qu'on soit en faveur de ce chef-d'œuvre, on n'en est pas moins saisi à son aspect du plus profond sentiment de respect et d'admiration. Quel dommage que ce monument ne soit plus qu'une ruine!

Il faut aussi que je vous dise un mot de la charmante petite église de Saint-Satire, et pourtant je ne pus en apercevoir qu'une abside qui fait saillie sur la rue *del' Falcone*. Elle est attribuée à Bramante, ainsi que la petite sacristie octogone dont elle est flanquée. Ces constructions sont ornementées en terre cuite, aussi n'est-ce pas par la richesse des matériaux qu'elles se recommandent. Autant que je puis me le rappeler, car mes tablettes sont muettes à cet endroit, l'abside en question est divisée verticalement par des pilastres d'ordre corinthien, un peu lourds peut-être, mais dont les chapiteaux sont supérieurement modelés. Je me rappelle aussi que tous les ornements de la corniche sont d'un goût excellent, et, enfin, que cet édifice, — je parle de l'abside, — dont le style appartient plutôt à l'antiquité qu'à la renaissance, est remarquable par ses heureuses proportions. Ce petit coin de *San-Satiro* est un de mes meilleurs souvenirs de Milan.

La Madone près Saint Celse, également l'œuvre de Bramante, date aussi des dernières années du XV° siècle. C'est une église à trois nefs surmontée d'une coupole décagone établie sur le transsept. Mais passons rapidement, si vous le voulez bien, mon cher ami, sur l'ordonnance générale de cet édifice, qui n'a rien de bien surprenant, et arrivons à la décoration des voûtes des petites nefs qui est fort curieuse. Comment vous expliquer cela sans un croquis? Figurez-vous d'abord, ce qui est bien facile, une voûte d'arêtes; tracez à la clef de cette voûte un panneau

7

carré d'environ un mètre de côté dont chaque angle correspondra à une des nervures ; accusez ces nervures par autant de fines et élégantes cariatides dont les pieds reposent, à la retombée, sur un cartouche soutenu par de jolis enfants, tandis que la tête supporte le panneau central ; ornez ensuite ce panneau et les formerets de fleurs sculptées en relief et dorées ; puis couvrez les remplissages des voûtes par de jolies fresques d'Étienne Legnani, de Gherardini, etc., et dites-moi si tout cela ne constitue pas une décoration fort originale ? Sans doute, cela n'a pas l'austérité des vieilles voûtes en arcs d'ogive de votre cathédrale de Coutances, et je trouve comme vous à cette décoration un petit air mondain qui n'est guère à sa place ; mais n'oubliez pas que nous sommes à Milan, et en pleine renaissance, et non au fond de votre Normandie du XIIIe siècle. J'oubliais de vous dire que ces voûtes d'arêtes sont alternées avec des petits berceaux transversaux décorés également de peintures et dont la disposition, nécessairement différente, varie heureusement celle des voûtes d'arêtes.

Je dois un souvenir aux stalles en bois sculpté du chœur, un bel ouvrage exécuté au XVIe siècle par le Milanais Banzi, et restauré en 1850 par la main habile d'un artiste dont je regrette de ne pas savoir le nom.

La façade n'est qu'un joli paravent du caractère le

plus profane, œuvre de l'architecte Alexis. Son ordonnance générale est celle d'une maison à porte cochère, élevée de trois étages et coiffée d'un fronton. Rien ne m'eût paru plus naturel, je vous assure, que de voir quelque pâle Milanaise aux yeux noirs, aux cheveux aile de corbeau, venir s'accouder aux fenêtres de cette façade. Il n'en fut rien pourtant et je dus me contenter d'admirer une belle et gracieuse Florentine de marbre blanc, baptisée du nom d'Ève, qu'abrite depuis bientôt trois siècles une des niches du rez-de-chaussée. Cette Ève et l'Adam qui lui fait pendant à l'autre extrémité de la façade, font le plus grand honneur au talent du sculpteur Lorenzi, de Florence. Ces deux figures, toutefois, ne sont pas plus dans le caractère voulu que l'architecture d'Alexis; mais tout cela, il faut le reconnaître, brille par un entrain, un brio, une gaieté qui désarmerait la critique la plus tracassière.

Dans une grande cour à droite de l'église subsiste encore une ancienne chapelle du xii° siècle, mais tellement restaurée, cette chapelle, qu'il n'en reste guère d'intact qu'une porte à plein-cintre dont la voussure se compose de trois archivoltes. Sur l'un des murs fermant cette cour on a réuni, en les encastrant dans un portique figuré, de fabrique nouvelle, des fragments antiques mêlés à d'autres débris du moyen âge, comme ce qui a été fait dans les cours de notre École des Beaux-Arts, mais moins le goût de l'éminent artiste français que vous savez. Si ma mémoire ne me trompe pas, ces vieux restes, après avoir été raccommodés et passés à la pierre ponce, ont dû être, en partie au moins, égalisés de mesure quand les dimensions différentes de deux pendants pouvaient contrarier en quelque chose les lois fort respectées là-bas de la symétrie.

Je fus attiré à *San Lorenzo* non par l'édifice moderne, bâti à la fin du xvie siècle sur les dessins de Pellegrini et plus tard de Martin Bassi, mais par la petite église octogone à coupole qui y est contiguë et qu'on croit contenir les restes de Galla Placidia et d'Ataulphe son époux. Il est douteux que cette construction ait une origine aussi ancienne, et plus douteux encore quelle soit la dernière demeure de Placidie, puisque la fille de Théodose fut enterrée à Ravenne où l'on voit son tombeau. Toujours est-il que deux des quatre absides qui flanquent cette petite église, sont décorées de mosaïques fort anciennes représentant : l'une la Dispute de Jésus et des Docteurs, l'autre *dei pastori che pascolando le pecore*, ainsi que voulut bien me l'apprendre par écrit le custode, un peu bègue, qui m'en fit les honneurs et dont le bavardage fut pour moi à peu près inintelligible.

Quant à l'église de Martin Bassi c'est une grande machine bâtie sur un plan octogone et qui sent déjà son xviie siècle par le prétentieux et la sécheresse des lignes. La tristesse et l'ennui que semblent distiller cette architecture de décadence, ces pilastres corinthiens hauts comme le chêne de la fable, froids, nus, anguleux et insignifiants comme vous savez, me firent fuir si vite ce temple sombre et maussade qu'il me serait impossible de vous en donner une description quelconque; mais, croyez-moi, vous n'y perdez pas grand'chose.

Pour en finir avec les églises de Milan je ne vous dirai pas comme Auguste à Cinna que « le reste ne vaut pas le soin d'être nommé, » ce serait, à la fois, se montrer trop peu modeste et trop sévère; mais ce reste se composant principalement d'édifices des xviie et xviiie siècles, je craindrais de vous ennuyer outre mesure en lui donnant ici une importance qu'il ne saurait avoir à vos yeux.

Passons donc à un autre chapitre. L'édifice civil le plus considérable et, je crois, le plus ancien qui existe à Milan, c'est le Grand-Hôpital, l'*Ospitale maggiore*. Vous en trouverez partout l'histoire sans que j'aie besoin de la refaire ici. Qu'il me suffise de vous dire qu'il fut commencé en 1446 sous François Sforza, duc de Milan, par Antoine Filarète et qu'après la mort de

cet architecte Bramante y mit la main. La façade
principale, œuvre de Filarète, porte sa date dans son
ordonnance générale : le plein-cintre et l'ogive s'y
rencontrent, mais à titre de concession en faveur du
passé, j'imagine, car le nouveau venu joue là le rôle
principal, tandis que la vieille forme consacrée par le
moyen-âge y est reléguée au second plan. En d'autres
termes l'ossature de cette façade est vigoureusement
dessinée en marbre blanc, au premier étage, par
une suite de beaux arcs demi-circulaires supportés
par des colonnes engagées aux riches chapiteaux. Une
superbe frise couronne cet ordre principal. Des médaillons, d'où sortent et se penchent des demi-figures du
plus beau style, occupent les tympans curvilignes compris entre les archivoltes des arcs et la frise. Voilà pour
la renaissance. Quant au vieil art qui va disparaître, il
est représenté là par des fenêtres ogivales dont les ouvertures sont pratiquées dans le remplissage en briques des entre-colonnements. Un large et riche chambranle borde chacune de ces fenêtres dont la baie,
partagée par un meneau, se réduit à deux lancettes
surmontées d'un médaillon sculpté en haut-relief. Je
craindrais, mon cher ami, de prolonger ces descriptions, toujours incomplètes, quoi qu'on fasse, et rarement suffisantes pour le lecteur. En résumé des fenêtres ogivales inscrites dans des arcades plein-cintre

sont, vous devez le penser, d'un médiocre effet; cependant cette architecture est si belle de détails, elle accuse une telle exubérance de verve, une si grande habileté d'exécution chez les artistes qui l'ont produite, qu'il serait injuste de n'y pas reconnaître la présence du beau. Toutefois, cette composition donnerait à elle seule gain de cause aux adversaires de l'éclectisme en architecture : ces éléments de l'art du moyen âge, accouplés à des formes d'origine antique, choquent l'œil et la raison. On voudrait pouvoir les faire disparaître pour donner à l'ensemble l'unité de style et l'harmonie qui lui manquent; on voudrait cela surtout en voyant la cour de l'hôpital où cette unité si précieuse résulte de la franchise et de la simplicité du parti pris. Les façades de cette cour se réduisent à deux rangs de portiques superposés : celui du rez-de-chausée d'ordre ionique, celui de l'étage supérieur d'ordre corinthien. Mais, notez-le bien, il s'agit ici de l'ionique et du corinthien moins leur grand air antique et solennel, plus la spirituelle et riante physionomie que les artistes de la renaissance surent donner aux meilleures productions de leur époque. Les tympans formés par la succession des arcades sont remplis, comme dans la façade sur la rue, par des médaillons tangents aux trois côtés entre lesquels ils sont inscrits; les soffites des arcs sont décorés de belles rosaces encadrées dans des caissons; les frises des deux étages sont interrompues par des petits pilastres correspondant aux points-d'appui et aux clefs des arcades, etc., etc., car j'aime mieux abréger que de devenir diffus à force de vouloir être clair. Pour tout dire en un mot, cette architecture élégante dans son dessin général, d'une abondance extrême dans les détails de son ornementation, d'une finesse étonnante dans ses formes hardiment accusées, est l'un des plus charmants spectacles de ce genre que puisse rêver un architecte voyageur. Il est regrettable seulement que Bramante, en élevant l'aile droite de cette cour, ne se soit pas plus scrupuleusement conformé au plan de Filarète. Il a eu le tort de supprimer de cette aile la *loggia* du premier étage, en remplissant le vide des arcades par une maçonnerie qui vient déranger le calme et la belle disposition de l'ensemble ; tort d'autant plus grave que les fenêtres à frontons et à cressettes, ouvertes dans le remplissage des anciennes arcades, obstruent ces arcades d'une façon malheureuse, ne sont pas en proportion avec ce qui les encadre et pèchent par leur dessin prétentieux, d'un goût médiocre. C'est à croire que ces fenêtres sont l'ouvrage de quelque maladroit successeur du célèbre architecte. Supposons-le pour l'honneur de son nom.

J'ai encore à vous parler d'un certain coin très-curieux de Milan, de la place *dei Mercanti*. En arrivant sur cette place par le *Corso Francesco* on trouve à droite un édifice d'une certaine importance, construit vers le milieu du xvi° siècle pour servir de collége des jurisconsultes. Ce bâtiment, qui sert de Bourse aujourd'hui, offre au rez-de-chaussée l'exemple d'une disposition de portique peu ordinaire : les points d'appui qui reçoivent la retombée des arcs sont doubles; ils se composent chacun de deux colonnes doriques espacées d'un diamètre environ, ce qui donne aux impostes une largeur à peu près égale au rayon des arcades. L'architecte a su tirer un excellent parti de la partie pleine ainsi triplée ou quadruplée qui sépare les vides des arcs; il a ajusté entre les archivoltes, des cadres richement ornés de deux mètres de hauteur sur un mètre de largeur environ, lesquels posent sur l'architrave et joignent du haut les premiers membres de la corniche; puis de ces cadres il a fait saillir des bustes plus grands que nature, sculptés en haut-relief, d'une tournure très-belle, et qui donnent à cette façade un accent et une vie dont on n'a pas l'idée. Ce qui reste des tympans est rempli par de jolies petites figures de femmes, couchées, assises ou appuyées sur les listels cintrés des archivoltes.

Le premier étage est moins bien d'ensemble, mais

il s'y trouve de jolis détails auxquels je ne puis refuser un souvenir. La façade est divisée par des pilastres ioniques correspondant aux colonnes du rez-de-chaussée. Par malheur ces pilastres ont pour fûts des gaînes, ce qui les amaigrit beaucoup à la base et a le grave inconvénient de détruire la perpendicularité des lignes de l'architecture. Les fenêtres sont encadrées de chambranles étroits et saillants, au long desquels s'appliquent extérieurement des sirènes dont la tête est abritée sous une crossette très-accentuée et dont la queue en spirale descend en s'amortissant jusqu'à l'appui de la fenêtre. C'est là, vous le voyez, mon cher ami, une disposition assez originale. Les frontons circulaires de ces fenêtres sont interrompus par de beaux cartouches qui les dominent et traversent l'architrave pour aller mêler leur ornementation à celle de la frise. Toute cette partie supérieure de la façade est étudiée avec beaucoup de goût.

Pour être complet dans ma description, je dois mentionner le campanile du xiiie siècle qui s'élève au-dessus de l'édifice de la renaissance, ainsi qu'une statue colossale de saint Ambroise qui occupe une grande niche ménagée au milieu de la façade.

Sur cette même Place des Marchands et du côté opposé, on retrouve exactement la même architecture reproduite, à la même époque, dans un édifice qui fut affecté en 1628 aux écoles palatines et qui, à ce titre, est connu à Milan sous le nom de *Palazzo Palatino*. C'est là que Beccaria professa l'économie politique. Le XVIIe siècle, sans respect pour l'architecture de Serigni, est venu ajouter à cette façade deux statues fort empêtrées dans leurs draperies, celle d'Ausone et celle de saint Augustin, dont le style lourd jure fort avec les beaux bustes du rez-de-chaussée. Mais le XIXe siècle s'est montré moins respectueux encore; on a recemment surmonté cet édifice d'un affreux étage à persiennes grises et j'ai vu l'une des arcades du portique, celle de gauche, effrontément déshonorée par l'enseigne d'un sieur *Ponti, tornitore*, dont la marchandise, consistant en pelles de bois, cuillers à pot, écuelles, souricières, etc., encombrait les degrés du portique.

A gauche du palais Palatin et y attenant, subsiste encore un joli bâtiment appelé *la Loggia degli Osii*, élevé dans la première moitié du XIVe siècle par les Visconti. La façade de ce bâtiment, divisée en cinq travées, se compose ainsi qu'il suit : au rez-de-chaussée un portique plein-cintre ; au premier étage cinq grandes ouvertures ogivales dont les arcs sont reçus par des colonnes cylindriques et octogones, alternées; au deuxième étage et correspondant aux vides des baies inférieures, sauf dans les travées des extrémités, une triple arcature cintrée en fer à cheval, dont les arcs se continuent sur les trumeaux. Cet édifice servait originairement à la publication des lois, et le balcon destiné à cet office existe encore; mais, aujourd'hui que les lois sont tout bonnement promulguées par la *Gazette Autrichienne*, la *Loggia degli Osii* n'ayant plus de raison d'être qu'au point de vue de l'art,—ce qui est une mince considération, apparemment,—on a coupé sur sa hauteur, par un plancher, la grande salle du premier étage et on en a fait ainsi deux appartements; les grandes baies ogivales ont été murées et percées ensuite de laides fenêtres, et dans ce palais tout blasonné encore des écussons de la famille des Visconti le même Ponti, *tornitore* de son état, est venu s'agrandir aux dépens de trois des arcades du portique où il a pour voisin un cabaretier qui occupe les deux autres.

Quant aux autres édifices civils de Milan, je n'en ai vu qu'un seul qui soit vraiment remarquable, j'en demande bien pardon aux autres : c'est le palais Marino, celui précisément dont les guides ne parlent pas et qu'en raison de cela les photographes se sont abstenus de reproduire. J'ai trouvé dans l'architecture de ce magnifique bâtiment, qui appartient à la fin du XVIe siècle, la même grandeur de conception que dans celle du Palais des sciences; de Turin, mais unie à un sentiment de la forme, à une savante recherche du détail qui ne furent jamais, il faut l'avouer, les côtés brillants du talent de Guarini. Le premier étage de ce palais, divisé par de grands pilastres cannelés, d'ordre dorique, est éclairé par de hautes fenêtres à frontons brisés et cintrés ; la lacune formée par l'interruption du fronton est occupée par les consoles qui supportent l'appui de la *mezzanine* percée au-dessus de la fenêtre, et la décoration si vigoureusement accusée des deux ouvertures ne forme en définitive qu'un seul et même motif.

Le deuxième étage est d'un dessin plus hardi encore : sur les pilastres unis qui correspondent à ceux de l'étage inférieur sont appliquées, dans toute la hauteur de l'ordre, des gaînes ornées de simples cannelures donnant naissance à des têtes de femmes du plus beau style, lesquelles, réunies aux puissantes consoles qui les accompagnent, supportent le large larmier de l'entablement. Je ne sais, mon cher ami, si vous m'avez compris, mais ce que je suis bien certain de ne point rendre ici, c'est le grand caractère, l'énergie, l'accentuation des formes et la mâle beauté de tous les détails de cette remarquable architecture.

J'aurais voulu faire à ce beau palais les honneurs d'un relevé exact et complet qu'il mériterait si bien, mais je dus borner mon ambition à quelques croquis tracés à la hâte. Le moyen, dites-moi, de voir bien les choses et de les étudier à loisir par le temps qui court? Les chemins de fer, en rendant les communications plus promptes, plus faciles, n'ont-ils pas déjà modifié d'une façon sensible, inquiétante parfois, non-seulement nos habitudes, mais notre nature même? Ce n'est plus seulement pour franchir les distances qu'il nous faut les ailes de la vapeur; arrivés au but et quand nous ne devrions plus songer qu'à jouir paisiblement des choses qui nous ont attirés au loin, il semble que nous obéissions encore à l'action tyrannique de cette force nouvelle. Nous sommes pressés de voir, d'examiner, de sentir, comme nous étions pressés de partir et d'arriver. Les vieux moyens de transport nous avaient si bien habitués à la patience, à la résignation, que nous savions, au besoin, attendre et nous reposer; ces vertus-là, hélas! ne sont plus de notre temps. La locomotive nous a communiqué cette impatience d'aller en avant, cette fièvre d'activité que trahissent ses frémissements dès que le frein la condamne à un temps d'arrêt. Aussi nous ne voyageons plus; nous nous déplaçons, nous nous dépaysons seulement, et ces courses désordonnées, sans repos ni trêve, qui nous permettent à peine de voir les choses, nous laissent au retour presque autant de regrets que de souvenirs.

VII

A M. Lemercier, architecte.

VENISE.

Milan est séparé de Venise par deux cent quatre-vingts et quelques kilomètres qu'on peut parcourir en six étapes à peu près égales, lesquelles sont marquées par Bergame, Brescia, Vérone, Vicence, Padoue et, enfin, Venise. Mais l'attraction qu'exerçait sur moi la fameuse ville des doges était trop violente pour que j'eusse le courage de voyager à petites journées. Je pensais d'ailleurs que si Venise avait autant d'attrait qu'on voulait bien le dire, il devait être très-pénible de s'en séparer et que, par conséquent, il me serait doux, au retour, de ne m'en éloigner que le plus lentement possible, en m'arrêtant souvent sur la route. Fort de ce raisonnement, je me confiai à un train de grande vitesse et franchis d'un seul trait les deux cent quatre-vingts et quelques kilomètres que vous savez. Le trajet dura dix heures, pendant lesquelles, tout en m'appliquant à penser le moins possible au but que je voulais atteindre, je cherchais à tuer le temps, mais, je l'avoue, sans pouvoir parvenir à cette fin si désirable. En pareil cas, nous avons beau faire, ce grand maître se rit toujours des coups que nous lui portons; tous nos efforts ne paraissent aboutir qu'à en augmenter la durée. Ah ! ce n'est pas seulement pour le captif, c'est aussi pour le voyageur impatient d'arriver qu'on peut dire que le temps n'a point d'ailes !

Enfin, après bien des tentatives infructueuses, je me résignai à remplir de mon mieux les heures que j'avais à passer dans l'attente; c'est toujours le meilleur moyen d'en avoir raison. J'avais d'ailleurs, dans les belles campagnes qui fuyaient devant moi, un spectacle bien fait pour me distraire. Sans parler de ces charmantes fabriques aux tons à la fois éclatants et doux qui réchauffent le vert un peu cru des champs de maïs, des mûriers et des vignes, à chaque instant mon admiration ou ma curiosité était excitée, sans que j'eusse à faire autre chose que de regarder l'Italie et les Alpes passer devant mes fenêtres. Ce fut d'abord Treviglio et ses deux églises; puis Bergame, la patrie de Donizetti, de Rubini et aussi, j'en demande pardon à ces glorieuses ombres, de ce per-

sonnage non moins connu, désigné sous le nom
d'Arlequin. Bergame, bâtie en amphithéâtre sur des
collines alpestres gracieusement modelées par le
Créateur, me parut devoir être un séjour charmant,
d'autant plus charmant peut-être que, n'ayant pu
que l'apercevoir en courant, mon imagination ne
manqua pas de m'en faire le plus grand éloge.

De Bergame à Brescia, je ne me souviens plus que
des Alpes que le chemin de fer côtoie, pour ainsi
dire, et de campagnes d'une fertilité prodigieuse.
Lonato me rappela le nom d'une des victoires de
l'armée française, mais ne me parut pas autrement
intéressante. Une surprise agréable m'attendait à
Peschiera, d'où la vue domine ce magnifique lac de
Garde chanté par Virgile, et sur les bords duquel
Catulle avait sa maison. Malgré les lignes sévères de
sa partie occidentale, qui s'enfonce dans la montagne
jusqu'à Riva, le lac de Garde a l'aspect le plus
souriant. Les collines qui l'encaissent, et dont les
cimes escarpées et nues se découpent nettement sur
le ciel, ont leurs flancs couverts de cultures. L'oran-
ger et le citronnier au feuillage toujours vert,
l'olivier et la vigne donnent à ces bords enchantés la
plus attrayante physionomie.

Vérone, vue de la station du chemin de fer, a la
plus agréable apparence. Elle s'étend dans une belle

vallée bornée au nord par les montagnes du Tyrol, dont la chaîne se perd dans le lointain. La partie orientale de la ville, *Veronetta*, séparée de la vieille cité antique par le cours sinueux de l'Adige, est surtout dans une situation délicieuse. Les châteaux-forts qui en occupent la partie dominante et les jardins en amphithéâtre du palais Giusti, célèbres déjà du temps de Charles de Brosses, donnent à cette Véronette une silhouette et une couleur superbes.

Entre Vérone et Vicence, j'eus le plaisir d'apercevoir quelques traces, les dernières peut-être, de cette couleur locale italienne qui aura bientôt disparu à tout jamais; c'étaient quelques paysannes aux cheveux attachés avec des épingles d'argent disposées en éventail; des bergers armés d'un bâton en forme de crosse, au lieu de la classique houlette de madame Deshoulières. Je remarquai encore que les moutons même appartenaient à un type différent de celui des races acclimatées en France; ils avaient le museau busqué, les oreilles pendantes et les pattes grêles de ceux de leurs semblables qui figurent sur certains bas-reliefs antiques. Peut-être quelques gouttes de vieux sang romain coulent-elles encore dans les veines de ces honnêtes ruminants; peut-être..... Mais je vous demande pardon, mon cher ami, de m'amuser ainsi aux bagatelles de la route :

vous devez, comme moi, avoir hâte d'arriver. Passons donc, sans nous y arrêter, devant Vicence, la ville natale de notre maître Palladio, et contentons-nous de saluer de loin, puisque nous devons y revenir, l'antique *Patavium*, la moderne Padoue, la patrie de Tite-Live et celle aussi du tyran Angelo Malipieri, avec qui nous fîmes connaissance, il y a quelque vingt ans, au Théâtre-Français.

En quittant Padoue mon cœur battait plus fort que jamais, car nous n'étions plus qu'à une heure de Venise. Que de fois je me penchai à la portière pendant cette dernière heure d'attente! Malheureusement le soleil avait cessé d'être de la partie. Le ciel chargé de nuages attristait tout sur la route, et j'en étais arrivé à regretter amèrement le beau temps que j'avais laissé à Paris. A Mestre, enfin, la vue de mes compagnons de voyage réunissant leurs menus effets de route, ouvrant et fermant avec précipitation leurs sacs de nuit, rajustant leurs vêtements, m'avertit que nous touchions au port. En effet, d'un coup d'œil jeté au dehors je vis que nous roulions sur l'immense pont qui relie Venise à la terre ferme. Nous avions, à droite et à gauche du waggon, la lagune dont le vent commençait à rider le flot tranquille, et devant nous la Venise tant rêvée, mais moins blonde, moins dorée que celle des rêves; une Venise grisâtre et terne comme les nuages qui menaçaient de crever sur elle. Quelques minutes après nous mettions pied à terre sous d'ignobles hangars se soutenant à peine et qui constituent l'embarcadère vénitien. C'était, vous le voyez, la réalité succédant brutalement à l'illusion.

En sortant de l'embarcadère nous nous trouvâmes, ma malle et moi, sur un des bords du Grand-Canal en butte aux sollicitations d'une foule empressée, trop empressée, de *barcaroli,* les uns nous poussant vers l'omnibus d'eau qui était là béant, et où voyageurs et bagages s'entassaient pêle mêle; les autres, mieux inspirés, me vantant les agréments de leurs gondoles. Mon choix fut bientôt fait, vous pouvez le croire. On ne vient pas de si loin à Venise pour se laisser empiler dans une galiote. D'un saut je pris possession de la plus jolie gondole où, après avoir donné mes instructions aux barcaroles, je m'établis de mon mieux, quoiqu'avec une certaine difficulté. La gondole vénitienne est un véhicule très-pittoresque, mais peu commode pour ceux qui y débutent. Une fois installé dans ce petit corbillard on s'y trouve bien, mais comme en raison de son peu de hauteur et de son exiguïté on ne peut pénétrer sous le *felze* qu'à reculons, cette façon inusitée de se mouvoir exige un petit apprentissage. En un instant nous nous trouvâmes engagé dans une suite d'étroits canaux d'un aspect sombre, sinistre, où régnait un silence morne, troublé seulement par le léger bruit de l'eau battue par les rames. Puis nous traversâmes une seconde fois le *Canal Grande*, à la hauteur du palais Grimani, et, après un dernier détour, notre gondole aborda *Porta della Verona*, au traguet de la signora Cattaneo.

Si vous n'avez jamais entendu parler de la signora Cattaneo, vous devez être étonné, mon cher ami, de me voir ainsi débarquer sans plus de façons chez elle. Sachez donc que depuis quarante ans il n'est guère d'artistes français visitant Venise qui soient allés chercher un asile ailleurs que chez cette excellente *padrona di casa*. Jules Joyant, pendant les longs et nombreux séjours qu'il fit à Venise n'eut jamais d'autre maison que celle de la signora, et c'est chez elle que vécut pendant plusieurs années et que mourut le pauvre Léopold Robert. C'est là aussi que les pensionnaires de la villa Médicis vont au retour de Rome demander une hospitalité qu'ils ne trouveraient nulle part, ni plus cordiale ni plus sûre. Madame Cattaneo n'est pas Vénitienne, comme son nom pourrait le faire supposer, c'est une Parisienne de la rue Saint-Denis, mariée à un Milanais, vieux soldat de l'Empire, et restée Française dans ses sentiments comme dans ses habitudes. Lorsque j'arrivai chez elle, les domestiques hésitèrent à me recevoir, car le Palazzino était ce jour-là bourré du haut en bas de *forestieri*, mais dès que madame Cattaneo eut reconnu en moi un compatriote, le vide se fit comme par enchantement dans une de ses plus belles chambres. Il est parfois bon, vous le voyez, d'*être Français*.

Après avoir déposé mon léger bagage, je partis comme un trait pour aller faire une première reconnaissance de la ville. L'une des façades de la maison Cattaneo donne sur cette *Corte Minelli* illustrée par George Sand; c'est de cette corte, où je cherchai vainement des yeux quelque nouvelle Consuelo en jupon court, que je pris ma course, sans guide ni boussole, à travers ces zigzags de ruelles étroites et tortueuses, aux ramifications innombrables, qui font de Venise un labyrinthe où le peloton de fil d'Ariane aurait un grand succès. Cependant, soit par cet instinct de l'orientation qui est commun aux pigeons et aux architectes, soit que le hasard m'eût pris en pitié, soit toute autre cause, je me trouvai après quelques minutes de marche dans la *Bocca di Piazza*, d'où je me précipitai en quelques pas sur la place Saint-Marc.

Grâce à la gravure et à la photographie, vous connaissez trop bien cette célèbre Piazza pour que j'aie autre chose à vous en dire que de vous rappeler sa disposition générale. Sa longueur est de cent soixante quinze mètres et sa largeur moyenne de soixante-dix environ. L'un de ses grands côtés, celui du nord, est occupé par un long bâtiment du xve siècle, les Procuraties Vieilles ; l'autre par les Procuraties Neuves que Scamozzi éleva au xvi° siècle. Ces deux édifices sont reliés à l'ouest par un aile neuve, bâtie vers 1810, et qui fait face à la basilique de Saint-Marc, laquelle limite la place à son autre extrémité. Vers le fond à droite j'avais devant moi le beau et colossal campanile de Saint-Marc, et j'apercevais entre lui et la *Libreria Vecchia* un coin de la façade du palais ducal. Pour tout dire, j'étais en présence d'un ensemble d'édifices considéré comme une des merveilles du monde moderne.

Eh bien! mon cher ami, je vous déclare sur l'honneur que je ne fus pas du tout émerveillé. Cette première impression que j'avais cru devoir être très-vive, très-profonde, fut des plus calmes. La Piazza me parut petite et d'une ordonnance générale assez monotone. Saint-Marc me fit l'effet d'un joujou ou du modèle en petit de quelque grand monument. Il est vrai que je m'étais représenté tout cela éblouissant de lumière et que je le trouvais, au contraire, assombri par de gros nuages : circonstance fâcheuse, surtout a

Venise, où l'effet pittoresque n'existe guère quand le soleil ne s'en mêle pas. Il faut dire aussi qu'un autre élément d'enthousiasme pour le voyageur, le plaisir de la surprise, me faisait là également défaut. Toutes ces formes que je connaissais de longue date et que mon imagination avait, selon l'usage, embellies outre mesure, me paraissaient perdre beaucoup au grand jour de la réalité. Qui de nous autres architectes ne sait pas par cœur toute cette place Saint-Marc et les édifices qui l'entourent? Je me serais dirigé, j'en suis sûr, à l'aveuglette, dans tous les coins et recoins de ces richesses monumentales sans m'y égarer jamais. Je les passai en revue, au pas de course, il est vrai, sans étonnement et sans grand plaisir. Après avoir arpenté la Piazza, je traversai la Piazzetta, puis je tournai à gauche sur le môle pour aller chercher le *sotto-portico* conduisant à la cour du Palais ducal. Cette cour me parut belle. Sur les jolies margelles en bronze de ses deux citernes étaient accoudées ou penchées quelques-unes de ces porteuses d'eau du Frioul, auxquelles les touristes ont prêté dans leurs récits tous les charmes et toutes les grâces. Les unes puisaient dans leur seau de cuivre rouge attaché au bout d'une corde, un peu de cette eau du palais ducal qui passe pour la meilleure de Venise; les autres se reposaient en babillant. Dois-je le dire?

toutes ces femmes aux jambes et aux pieds nus, vêtues d'un jupon tombant droit des aisselles aux chevilles et coiffées d'un chapeau en tuyau de poêle aux bords étroits et relevés ; toutes ces femmes, dis je, me firent l'effet d'autant de maritornes aussi disgracieuses que laides et crottées. Ce n'était pas là pourtant ce que m'avaient promis les lithographies coloriées que débitent les marchands d'estampes. Mais il faut être juste, si, à l'endroit des porteuses d'eau vénitiennes, les peintres se contentaient d'être exacts, personne n'achèterait leurs images.

Il était six heures du soir, la journée avait été laborieuse et, ma foi ! l'appétit avait si bien pris la place de l'enthousiasme, qu'en présence de toutes ces perles monumentales qui me laissaient froid et presque indifférent, j'en vins, comme le coq de la fable, à m'avouer, la rougeur au front, que le moindre grain de mil serait bien mieux mon affaire. Ce grain de mil, je le trouvai, pour quelque ducaton, au restaurant de l'hôtel de *Belle-Vue*. La soirée fut assez insignifiante. Je la passai à flâner sous les portiques de la place, qui, à défaut d'autre intérêt, eurent pour moi, ce jour-là, celui d'être un abri contre la pluie qui s'était enfin décidée à tomber.

Le lendemain matin, à mon réveil, le soleil de Venise dont j'avais rêvé toute la nuit, et qui s'était levé avant moi, dardait de ses rayons déjà brûlants les toits rouges que je dominais de mon troisième étage. Je retournai en toute hâte à cette place Saint-Marc dont j'avais si soigneusement évité, la veille au soir, les dalles inondées, ruisselantes. Je la trouvai tout autre; le soleil l'éclairait en plein, et sur ce champ lumineux de granit, où le campanile projetait sa grande ombre, Saint-Marc dessinait plus modestement les découpures des pignons et des pinacles de sa façade.

On monte à la galerie des cloches du campanile non par un escalier, comme d'ordinaire, mais par un chemin en pente douce qui retourne d'équerre trente ou quarante fois sur lui-même. Ne pouvant, comme lord Byron, faire cette ascension à cheval, puisque l'élément essentiel me manquait et que je l'eusse en vain cherché dans tout Venise, force me fut de me contenter de mes jambes, et je vous assure que je ne m'en trouvai pas plus mal. On n'a pas l'idée, mon cher ami, de l'étonnant spectacle qui vous attend là-haut. C'est comme la réalisation d'un de ces beaux songes qu'on fait à vingt ans! Aussi, ne sais-je comment vous raconter cela.

Mon premier regard fut pour la mer : à tout seigneur tout honneur. J'avais au premier plan la lagune qui s'étend, dirait un poëte de l'Empire, autour de la coquette Venezia, comme un miroir destiné à répéter les traits de cette sœur d'Amphitrite; puis l'île de Saint-Georges-Majeur, qui semble avoir peine à contenir dans ses étroites limites sa grande église de marbre, œuvre de Palladio, son beau clocher de briques et les bastions qui la défendent. La Giudecca, séparée de Venise par le large canal qui porte son nom, avait son quai bordé de navires, et l'on apercevait par les échancrures de sa longue ligne de maisons les beaux jardins qui ornent sa rive opposée. Au delà de Saint-Georges et de la Giudecca, qui sont comme des faubourgs de Venise, je voyais d'un côté la Sanita, San Servolo, Saint-Lazare des Arméniens; de l'autre, la Grazia, Poveglia, San-Clemente, autant d'îlots épars dans la lagune, et qui sont comme des oasis à la surface de ce désert liquide; puis le Lido, cette longue et étroite digue de sable qui protége Venise contre le flot de l'Adriatique. Enfin, à l'horizon, ici la haute mer, à peine agitée, où la vue éblouie se perdait dans un scintillement plein de rayons et de vapeurs; là-bas, vers le rivage, et à la distance de sept ou huit lieues, la blanche Chioggia, où sont les types de pêcheurs qui inspirèrent Léopold Robert.

Du côté de l'est, j'avais à mes pieds le Palais ducal et les cinq coupoles de Saint-Marc; à l'extrémité de la ville, les ombrages toujours déserts du Jardin-Public; plus loin, quelques îles verdoyantes, dont j'ai oublié les noms ; plus loin encore, quelques autres, telles que Mazorbo, Burano, Torcello, qui semblent, par l'éloignement, submergées, perdues au sein de la lagune et dont une simple touche blanche qui est le campanile, apparaît à l'horizon comme une voile. Puis, à une distance de vingt-cinq lieues, à perte de vue, un point blanc qui est Trieste, une ondulation azurée que le sonneur me dit être l'Istrie.

Dans la direction de l'ouest, j'avais devant moi la terre ferme, Fusine, et, dans un lointain légèrement estompé de brume, Padoue et les monts Vicentins. Enfin, au nord et à quelques kilomètres au delà de Venise, l'île de San-Michele, le champ de repos des Vénitiens ; Murano et ses verreries célèbres, et, à des distances que je ne pus apprécier, un horizon fermé par des montagnes bleuâtres qui doivent être les Alpes Carniques.

Et, notez-le bien, mon cher ami, je vous fais grâce d'une vue cavalière de Venise qui pourrait servir ici de repoussoir à cette carte grande comme nature des États vénitiens, à ces splendides et lumineuses perspectives. Mais je ne veux pas abuser de la mise en scène, et mettre votre patience à une plus longue épreuve.

Vous devez comprendre qu'après cette magique

découverte et l'enchantement qui s'ensuivit, la
Venise froide et maussade de la veille fut bel et bien
effacée de mon souvenir. Grâce au soleil qui voulut
bien lui sourire pendant toute la durée de mon séjour
au Palazzino Cattaneo, je ne vis plus cette Venise que
blonde et dorée comme on la connaît, et c'est de
celle-là seulement que je me souviens aujourd'hui.

VIII

A M. Galand, architecte.

Venise.—Saint-Marc.

Les architectes de la basilique de Saint-Marc ne pouvant reproduire la coupole immense de Sainte-Sophie de Constantinople, a dit M. Félix de Vernheil, ils en donnèrent la monnaie. Malheureusement la monnaie d'une grande chose n'est plus cette chose même, et celle de Sainte-Sophie paraît ici bien menue. Cinq calottes sphériques d'un diamètre de dix à treize mètres, groupées si bien qu'on voudra ou additionnées, n'équivaudront jamais, au total, à l'unique et vaste coupole d'Isidore de Milet, dont le diamètre dépasse trente-deux mètres. Mais comme à l'impossible nul n'est tenu, pas même, et fort heureusement, les architectes, il faut accepter l'œuvre des constructeurs de Saint-Marc pour ce qu'elle est : un échantillon très-curieux de l'architecture byzantine.

Distinguons toutefois. Pour juger de l'édifice néo-grec, élevé à la fin du xe siècle par le doge Pietro Orseolo, il faut d'abord dépouiller, par la pensée, le Saint-Marc d'aujourd'hui de tout ce que huit ou neuf siècles y ont apporté de modifications, d'adjonctions, d'ornements, d'enjolivements de toute sorte; c'est alors seulement qu'apparaît à l'esprit, dans sa simplicité native, cette église bâtie sur un plan en forme de croix grecque, avec ses murailles de briques pauvres et nues, avec ses coupoles et ses voûtes, n'ayant pour toute couverture que des feuilles de plomb se modelant sur l'extrados des maçonneries. C'est ainsi d'ailleurs, sauf la différence de la pierre à la brique, que s'est conservé en France Saint-Front de Périgueux. Mais quelle différence d'aspect aujourd'hui entre ces deux édifices!

La première modification qu'ait subi le plan de Saint-Marc doit remonter aux dernières années du xie siècle ou aux premières du xiie; c'est vers cette époque que fut ajouté le narthex, qui, en doublant les collatéraux de la nef principale, se développe sur les trois côtés du pied de la croix grecque du plan. C'est aussi du même temps que datent les revêtements en marbre et les premières mosaïques qui tapissent intérieurement et extérieurement les murs de l'édifice. Au xive siècle, les pignons des nefs, qui à l'extérieur s'arrondissaient en plein-cintre, furent surmontés chacun d'un étroit tympan compris dans une accolade tout hérissée de feuillages et au sommet de laquelle se dresse une statue. Puis des clochetons de style ogival, élevés au-dessus de chaque contre-fort, vinrent accuser plus énergiquement les divisions des façades. Enfin, au XVe siècle, les cinq petites coupoles disparurent sous les dômes surhaussés, en charpente, que vous connaissez et dont le galbe est certes plus moscovite que byzantin. En un mot, les Vénitiens ont si bien travesti l'édifice néo-grec, qu'à l'extérieur il est devenu absolument méconnaissable.

Je vous ai parlé du narthex; quant à vous en donner une description détaillée, c'est ce que je ne tenterai pas, bien certain que je serais de succomber à la peine. Vous connaissez d'ailleurs sa structure : appliqué contre l'édifice principal, il est couvert par une suite de petites coupoles nivelées par-dessus au moyen d'une plate-forme découverte, et ne s'élève qu'à dix ou douze mètres environ. Cinq portes y donnent accès du côté de la place Saint-Marc; chacune de ces portes s'ouvre au fond d'une profonde voussure formée par des contre-forts d'une grande saillie, qui reçoivent les retombées d'une suite de voûtes en berceau plein-cintre. Toutefois ne vous figurez rien d'analogue à nos belles portes romanes; vous seriez dans l'erreur.

Si, par exemple, on compare ce narthex et ces portes au portail royal de Chartres, on est forcé de reconnaître, et cela quelque prévenu qu'on soit contre notre art du moyen âge, que les architectes vénitiens du XIIe siècle n'étaient encore que des apprentis quand leurs confrères de la Beauce étaient déjà des maîtres. L'architecture extérieure du narthex de Saint-Marc, qui joue un rôle si important dans la physionomie générale de l'édifice, accuse une inexpérience et une maladresse dont on trouverait, je crois, peu d'exemples. Les pieds-droits des portails sont ornés de deux étages de colonnes corinthiennes courtes, trapues, tout bonnement superposées, celles du bas ayant l'air de faire aux autres la courte échelle. Sur certains points, un socle quelconque sépare des chapiteaux de l'ordre inférieur les bases de l'ordre supérieur ; sur d'autres points la plinthe des bases pose à cru sur le tailloir des chapiteaux du rez-de-chaussée. Ici deux colonnes en portent trois ; là trois autres n'en portent que deux, et ainsi du reste. C'est, de la part du constructeur, comme un parti pris de violer à plaisir les lois de l'équilibre des corps, de choquer les yeux et la raison. Mais le plus audacieux de ces contre-sens a été commis aux extrémités de la même façade, aux retours d'équerre des galeries latérales : un pilier isolé, dont le chapiteau au large tailloir sert de base à un lourd faisceau de colonnes, supporte seul toute la charge de l'angle de la galerie. On ne s'explique même pas bien comment il se fait que ce pilier n'écrase pas sous le faix. En revanche, le plus grand nombre des colonnes qui décorent les portails du narthex remplissent là le rôle facile de ce quatrième officier du convoi de Marlborough, lequel ne portait rien.

En résumé, une double ribambelle de colonnes à peu près inutiles à la construction, rassemblées là sans goût, sans rime ni raison, sans symétrie même : les unes longues, les autres courtes; celles-ci rouges ou bleues, celles-là jaunes, vertes ou blanches; des porte-à-faux sans nombre, des tours de force inutiles, des gaucheries inexcusables; le plein-cintre à côté de l'ogive; des arcs surbaissés mêlés à d'autres qui sont surhaussés; des fragments antiques enchâssés dans des formes du moyen âge; enfin les éléments les plus incohérents, les plus disparates, recueillis de bric et de broc et entassés là un peu à l'aventure comme dans un musée de province, tel est, pour la façade, l'ensemble de cette singulière construction. Et pourtant, en dépit de tout cela, il faut le reconnaître, ce fouillis architectonique n'est pas chose ordinaire, puisqu'il est d'une harmonie parfaite et d'une couleur superbe. Allez donc après cela prôner l'unité de style dans les œuvres de l'architecture ! Voilà des éclectiques,—éclectiques sans le vouloir, il est vrai, —qui, sans souci des règles, sans principes, sans méthode aucune, arrivent droit au but, tandis qu'avec nos ambitieuses théories nous avons tant de peine, hélas ! à atteindre ce but, quand d'ailleurs nous ne le manquons pas. Il faut tout dire, ces colonnes si mal appareillées entre elles, si maladroitement plantées au long des murailles, sont toutes de beaux échantillons de porphyre ou de marbre antique rouge, vert, cipolin, serpentin, pentélique; les chapiteaux de ces colonnes, évidemment taillés par des artistes grecs, sont pour la plupart des chefs-d'œuvre. Je doute qu'il existe ailleurs des compositions d'un meilleur goût, une sculpture mieux comprise, plus habilement modelée et ciselée. Il en faut dire autant de certains autres détails d'une exécution non moins belle, et, par exemple, des archivoltes de la porte centrale : la plus petite de ces archivoltes est ornée de feuillages et d'animaux; sur la plus grande, l'artiste a figuré les Béatitudes, les trois Vertus théologales, les quatre Vertus cardinales et la Religion. Le soffite de la même archivolte est orné d'une représentation des mois de l'année.

Vous savez que la plupart de ces magnifiques débris furent ravis à la Grèce et à Constantinople.

Évidemment les Vénitiens enlevèrent aussi à ces contrées les artistes qui furent chargés par eux de remettre en œuvre ces précieuses dépouilles. Les archivoltes dont je viens de vous parler, faites certainement pour la place qu'elles occupent, doivent être l'œuvre d'artistes grecs établis à Venise. Cette ornementation, composée avec beaucoup de goût et exécutée avec une grande habileté de main, ne peut pas appartenir à l'art vénitien, qui était alors dans sa première enfance. Au contraire, la grande archivolte de la voussure, dont le plein-cintre échancre et dépasse la balustrade de la plate-forme, doit être un travail italien du xiii° siècle. A la sobriété de composition, à la finesse de ciselure qui distinguent les ouvrages grecs, ont déjà succédé là les qualités et les défauts qui caractérisent les œuvres des artistes vénitiens du moyen âge ; je veux dire plus de talent que de science véritable ; un génie peu inventif et, par conséquent, peu varié dans ses manifestations; un goût qui n'est pas toujours irréprochable. Mais, à côté de cela, de la force, une certaine fougue et une facilité qui est parfois prodigieuse. Les monuments vénitiens antérieurs au xvi° siècle pèchent pour la plupart par l'ensemble, mais il est rare que les détails n'en soient pas très-adroitement traités. Aussi l'accessoire l'emporte-t-il souvent sur le principal, le sculpteur sur l'architecte; usurpation de fonctions toujours préjudiciable à l'art monumental.

La façade supérieure de l'église proprement dite, a un caractère tout différent de celle du narthex, qu'elle domine. Au premier aspect les quelques vestiges byzantins qu'on y retrouve encore, en les cherchant un peu, ne s'aperçoivent pas. La physionomie générale de cette partie supérieure de l'édifice est gothique, ou à peu près, mais d'un gothique bâtard, bien indigne de la haute réputation du monument.

Je vous ai dit que les rampants des accolades ajoutées aux pignons cintrés des nefs étaient hérissés de feuillages; j'ajoute que ces feuillages sont de véritables broussailles de choux frisés, fleuris, épanouis, contournés, hors de proportion avec ce qui les entoure. Je ne puis mieux comparer cela qu'à une chevelure en désordre, ébouriffée par la colère. Des statues de prophètes et de saints surgissent en assez grand nombre de cette végétation touffue et se tiennent en équilibre au sommet de certaines tiges qu'il faut supposer plus résistantes que les autres. Mais tout cela est chaudement coloré, tout cela se fond admirablement dans une teinte générale, telle que le temps seul sait en trouver sur sa palette, et, ma foi! les revêtements de marbres grecs et les mosaïques aidant, toute cette pauvre architecture devient si pittoresque qu'on finit par lui pardonner son peu de valeur réelle.

Je ne vous ai encore rien dit de ces fameux *chevaux de bronze* qui, de Rome où ils ornaient l'arc de Néron, suivirent Constantin à Byzance, furent transportés de là en 1205 à Venise, d'où, après un séjour non interrompu de six siècles, ils prirent le chemin de Paris pour venir figurer sur notre petit Arc de triomphe du Carrousel. Ces chevaux, réclamés par l'Autriche en 1815, furent alors restitués à Saint-Marc et replacés à leur ancien poste, au centre de la terrasse du narthex, où on les voit encore aujourd'hui. Sans doute on pourrait se demander ce que font là ces coursiers de cuivre,—car ils ne sont pas de bronze, —mais alors il faudrait s'adresser la même question pour bien d'autres hors-d'œuvre devenus les parasites du vieil édifice. Ainsi dans les triangles mixtilignes restés nus entre les arcs des voussures, on a incrusté, sur la façade principale, un bas-relief antique, Hercule paré de deux de ses victimes : la biche aux pieds d'airain et aux cornes d'or, de Ménale, qu'il porte sur ses épaules, et l'hydre de Lerne qu'il foule du pied. Et pour pendant au fils de Jupiter, saint Georges, le vainqueur du dragon! Dans un autre de ces triangles figure un Démétrius quelconque, considéré par les guides comme l'un des saints de ce nom qu'honore l'Église, mais qu'à son costume de guerrier, à son épée à demi tirée du fourreau, on prendrait plutôt pour ce Démétrius, roi de Macédoine, surnommé le *preneur de villes*. Puis, un peu plus loin, Hercule encore, Hercule chargé du sanglier d'Erymanthe, ayant à ses pieds, dans une sorte de tonneau, ou Cerbère ou le dragon des Hespérides.

D'autres fragments antiques décorent la façade septentrionale, et notamment un bas-relief représentant Cérès montée sur un char traîné par des hippogriffes. La déesse des moissons, qui court évidemment à la recherche de sa fille, tient dans chaque main un flambeau. Cicognara a cru voir dans ce bas-relief un échantillon de l'art des Perses, mais il a dû se méprendre; le style de cette sculpture n'appartient pas à une aussi haute antiquité, c'est bien plutôt là un travail du Bas-Empire. Quoi qu'il en soit, ne trouvez-vous pas très-comique de rencontrer dans l'ornementation d'une église chrétienne du moyen âge toutes ces images damnables des faux dieux du paganisme ?

Mais il est temps de pénétrer dans le temple. Entrons donc et arrêtons-nous un moment sous le narthex, comme les catéchumènes, pour en examiner en passant la décoration intérieure. Je vous ai dit que le narthex entoure en plan, sur les trois côtés, le pied de la croix grecque. Celui de ces côtés qui fait face à la mer est occupé par le monument élevé à la mémoire du cardinal Zeno, à la suite duquel se trouve le baptistère. Les cariatides et les bas-reliefs qui décorent le tombeau de Zeno, œuvre d'Antoine et de Pierre Lombard, manquent de fermeté et de caractère; mais la figure couchée du cardinal, qu'on attribue à Léopardi, est belle.

Dans la partie du narthex parallèle à la Piazza sont appliqués au mur de face deux monuments funéraires de la fin du xie siècle et des premières années du xiie siècle, plus curieux que vraiment beaux. L'un, le plus ancien, est le tombeau du doge Vitale Faliero; l'autre est celui de la femme du doge Vitale Michel.

La galerie qui longe la petite place des Lions abrite trois autres tombeaux moins remarquables encore que les précédents. C'est d'abord le sarcophage de Bartolomeo Gradenigo, mort en 1342, lequel est décoré de personnages en bas-relief d'un style lourd et mou. Quant à l'urne funéraire du doge Marino Morosini, placée au-dessous de la coupole suivante, elle vaut moins encore. Le Christ et les apôtres, la Vierge et les anges qui sont figurés là, sont les plus affreux bonshommes qu'on puisse voir. Ce monument est pourtant un échantillon de l'art vénitien du xiiie siècle!

Quand du vestibule on pénètre dans la nef principale de Saint-Marc, on est au premier aspect assez vivement impressionné. M. Théophile Gautier a dit que « cette première impression est celle d'une caverne d'or incrustée de pierreries, splendide et sombre, à la fois étincelante et mystérieuse ». Le président de Brosses, au contraire, qui admirait surtout les monuments de l'art des XVIIe et XVIIIe siècles, ce qui donne la mesure de son goût en architecture, n'a vu dans Saint-Marc « qu'une église à la grecque, basse, impénétrable à la lumière, d'un goût misérable, tant en dedans qu'au dehors, couverte de sept dômes (on sait qu'il n'y en a que cinq), revêtus en dedans de mosaïques à fond d'or, qui les font ressembler bien mieux à des chaudières qu'à des coupoles. » De ces deux appréciations la plus exacte, quoique la plus poétique, est celle de M. Gautier. Quant au spirituel président à mortier, le mépris systématique qu'il professait hautement pour les arts du moyen âge s'oppose à ce qu'il ait voix délibérative dans la question.

Toutefois, il faut le dire; c'est moins par la grandeur que par la nouveauté du spectacle que l'intérieur de Saint-Marc impressionne. La surprise joue là un plus grand rôle que l'admiration. Habitué qu'on est en France aux vastes proportions, à la hardiesse d'exécution, aux profondes perspectives de nos admirables édifices religieux du XIIIe siècle, ce vaisseau byzantin paraît petit, écrasé et obscur. Les yeux du corps et ceux de la raison y sont choqués par cette dépense exagérée de *force portante,* qui est le côté faible de l'art grec et que les habiles constructeurs de l'époque ogivale surent si bien réduire au profit de l'espace couvert. Des points d'appui de six mètres carrés pour supporter des coupoles de douze mètres, quel luxe inutile, et que de place perdue ! Je sais bien que ces énormes piliers sont évidés de baies ouvertes sur chaque face, afin de n'interrompre point la circulation par les bas-côtés, mais que ces piliers soient creux ou pleins, leur masse n'en est pas moins pour l'œil disproportionnée à l'ensemble. Et ce défaut de proportion entre les pleins et les vides est d'autant plus frappant à Saint-Marc qu'il s'agit d'un vaisseau en forme de croix grecque, c'est-à-dire dont la capacité n'est appréciable que d'un seul point de l'édifice : sous la coupole centrale.

Mais laissons là ces critiques ; il faut bien accepter l'architecture néo-grecque telle qu'elle s'est produite, avec ses qualités et ses défauts.

La grande qualité de Saint-Marc, c'est la richesse et la beauté de sa décoration intérieure. C'est dans cette curieuse église qu'il faut envoyer les ennemis de l'architecture polychrome, pour leur faire comprendre une bonne fois quelle précieuse auxiliaire peut devenir pour l'art monumental la couleur judicieusement employée. Ces mosaïques sur fond d'or, dont l'effet est si puissant, ne sont pas là d'ailleurs pour le seul plaisir des yeux. Vous savez qu'au moyen âge la peinture et la sculpture, appliquées à l'embellissement des édifices religieux, furent moins un système d'ornementation qu'un moyen de parler aux masses illettrées un langage dont les signes représentaient non des sons, non des articulations, mais des idées. Saint-Marc est comme un grand livre écrit dans cette langue expressive, et, c'est le cas de le dire, colorée. En parcourant ces pages éloquentes et sacrées, on sent encore aujourd'hui quelle dut être leur puissance d'enseignement et d'édification sur les âmes.

Un volume ne suffirait pas à la description des mosaïques de Saint-Marc; je ne puis donc espérer de pouvoir vous donner en quelques lignes une idée de ce grand ensemble. Je ne me souviens d'ailleurs que des plus remarquables de ces beaux tableaux.

Les voûtes et les coupoles du narthex sont couvertes de légendes bibliques représentées dans un style naïf, barbare même, qui choque bien un peu les yeux habitués aux procédés perfectionnés de l'art moderne, mais que font vite oublier la mâle tournure et l'énergique expression de ces images, plus hiératiques que vraies.

A l'intérieur de l'église le Nouveau Testament se lit tout entier, à l'immense surface des parois du temple. Voici d'abord, au-dessus de la grande porte de la nef principale, Jésus-Christ ayant à ses côtés la Vierge et saint Marc. Cette mosaïque, une des plus belles qui existent à Venise, date du xie siècle et doit être, si l'on en juge par le style, l'œuvre d'un artiste grec.

Vous savez que les coupoles de Saint-Marc sont, comme celle de Sainte-Sophie, percées dans leur partie inférieure d'une suite de petites baies à plein-cintre. Dans la coupole la plus près de l'entrée, ces baies, au nombre de seize, sont alternées avec des figures représentant les nations païennes où le Christ envoya porter l'Evangile. Au-dessus de ces baies sont rangés en cercle les douze apôtres et les quatre évangélistes, animés, sans doute, par l'Esprit saint, qui marque le centre de la voûte sphérique. Quatre grands anges aux ailes à demi déployées occupent les pendentifs. Cette composition, qui date du xie siècle, est d'un grand style et d'une belle couleur, sauf quelques parties un peu crues, qui ne peuvent être que des restaurations.

La voûte qui sépare cette coupole du transsept est consacrée à la Passion. Les deux plus beaux épisodes du sujet traité sont « le Christ conduit devant Pilate » et « l'Ange qui annonce à Marie la résurrection du Sauveur. » Quel dommage qu'un certain Lorenzo Ceccato soit venu en l'an 1609, comme il nous l'apprend lui-même, gâter ces belles choses par le voisinage des prophètes de sa façon, Job, Jérémie, Isaïe et David ! Le XVIIe siècle encore enfant ne s'est montré nulle part, ni plus emphatique, ni plus lourd, ni plus laid. Au surplus, il faudrait presque faire le même reproche au XVIe et aux très-célèbres frères Zuccato, dont les œuvres, trop nombreuses à Saint-Marc, sont de nature à diminuer singulièrement la bonne opinion qu'on a généralement du goût de ces mosaïstes.

La coupole centrale est décorée des Vertus chrétiennes, au nombre de seize, lesquelles sont personnifiées sur chacun des trumeaux des petites baies. La seconde zone est formée par la Vierge qu'accompagnent des anges mêlés aux douze apôtres. Au-dessus le Christ est assis sous un ciel étoilé, que soutiennent des séraphins. La Vierge est d'une exécution assez faible, mais le Christ, les apôtres et les anges se distinguent par les plus grandes qualités de style et d'exécution. Dans les pendentifs, saint Mathieu, saint Marc, saint Luc et saint Jean, abrités par de petits édicules, écrivent l'Evangile. Au-dessous des évangélistes, quatre autres personnages, portant sur l'épaule une urne inclinée, figurent les quatre fleuves de l'Eden : le Gange, le Gehon, le Tigre et l'Euphrate.

Dans la troisième coupole, celle du chœur, on retrouve la Vierge au milieu de treize prophètes, parmi lesquels Salomon, David, Jérémie et Daniel sont surtout remarquables de mouvement et de couleur. Cette figure de la Vierge est superbe. Le voile noir et or qui la drape est supérieurement arrangé. Le Christ, qui domine cette scène, tient d'une main un livre et bénit de l'autre. Les pendentifs sont ornés des quatre animaux symboliques des évangélistes.

Au fond du chœur le Sauveur, assis sur un trône et représenté dans des proportions colossales, décore le cul-de-four.

La coupole du transsept de gauche est plus simplement composée que les trois premières. Les seules figures qui la décorent sont: saint Léonard, saint Nicolas, saint Clément et saint Blaise.

La coupole de l'autre transsept, décorée au XIIIe siècle, offre une foule d'épisodes de la vie de saint Jean, la guérison de Drusiana, celle de Stateo, la chute du temple de Diane, etc. Les saints docteurs Jérôme, Grégoire, Augustin et Ambroise, occupent les pendentifs.

J'abrége beaucoup, comme vous voyez, pour ne

pas fatiguer votre attention par des descriptions dont la sécheresse est inévitable, car il faudrait aussi vous parler des voûtes, des soffites, des murailles, des chapelles et de mille autres coins et recoins également envahis par la mosaïque. Je n'ajouterai qu'un mot sur ce mode de représentation des hommes et des choses, c'est qu'il me paraît impossible qu'il puisse être jamais remplacé par la peinture. Soit que la mosaïque ait l'avantage de faire partie intégrante de l'édifice lui-même, soit l'intensité de couleur des petits cubes qui la composent, soit toute autre cause, toujours est-il qu'elle possède une solidité et un éclat devant lesquels notre peinture paraîtra toujours bien pâle et bien plate.

Une autre remarque facile à faire, à Saint-Marc, c'est que les plus anciennes mosaïques, c'est-à-dire les plus simplement composées, les plus naïves, sont aussi celles dont l'effet décoratif est le plus satisfaisant. Il semblerait pourtant que pour des images dont les modèles sont, en définitive, pris dans la nature, un dessin plus exact, un modelé plus savant, une plus grande recherche de la forme, dussent être les conditions essentielles du succès : eh bien ! c'est le contraire qui a lieu. Et la preuve c'est que tous les ouvrages de ce genre exécutés à Saint-Marc, par les plus brillants artistes de la renaissance et avec toute l'habileté de main dont ces artistes furent capables ; c'est que ces ouvrages, dis-je, sont, à tous les points de vue, les plus faibles, les plus insignifiants. Au contraire, les compositions des xie, xiie et xiiie siècles, exécutées par de maladroits dessinateurs, par des coloristes qu'on pourrait croire plus inhabiles encore, ces figures à peine indiquées par les traits les plus indispensables, les plus caractéristiques, sont d'une réalité saisissante. Ce qui indique bien un peu, mon cher ami, que l'art ne consiste pas simplement, comme certains le croient aujourd'hui, dans une imitation servile de la nature matérielle, mais bien plutôt dans l'expression de la vérité idéale.

Il faut, avant de finir, que je vous signale encore, mais brièvement et en me bornant à copier mes notes, quelques détails de l'intérieur de Saint-Marc, qu'il me serait impossible de passer sous silence.

C'est d'abord, dans la grande nef, un lampier de cuivre en forme de croix à quatre bras, ouvrage du xiiie siècle; la clôture du chœur, avec ses colonnes de marbre rouge véronais aux chapiteaux dorés, supportant un entablement complet, où sont rangées, sur la corniche, quatorze bonnes statues du xive siècle : la Vierge, saint Marc et les douze apôtres. Le milieu de cette clôture est marqué par un grand crucifix en vermeil un peu lourd, mais d'un beau travail.

Les deux ambons placés dans le transsept, à droite et à gauche de l'entrée du chœur, sont de curieux édicules du XI° siècle. Sur celui de gauche s'élève une chaire circulaire d'un dessin très-original, laquelle est couverte par une petite coupole en métal doré, portée sur six colonnes de marbre rouge antique.

Une des grandes curiosités de Saint-Marc, c'est le rétable du maître-autel, la *Pala d'oro*, admirable travail d'orfévrerie, exécuté à Constantinople au X° siècle, mais, par malheur, trop souvent restauré. Il m'est impossible de vous décrire ce précieux monument de l'art byzantin, qui comprend plus de cent petites figures peintes en émail, sur un fond lamé d'argent et d'or et enrichi de nielles, de perles fines, de grenats, de topazes, de saphirs, d'émeraudes et de camées. Les sujets traités dans ce merveilleux tableau sont tirés de la vie de saint Marc et de celles de la Vierge et du Christ.

Enfin, je citerai pour finir la belle porte en bronze de la sacristie, œuvre de Sansovino, dans l'ornementation de laquelle l'artiste a intercalé, à côté du sien, les portraits de Titien et de l'Arétin, ses amis. Passe pour le premier, mais l'Arétin, mêlé là aux évangélistes, aux prophètes et aux séraphins, que dites-vous de l'antithèse?

Quant à la belle ornementation en mosaïque de la

sacristie et à ce magnifique pavement en marbres de couleur qui recouvre entièrement le sol de Saint-Marc, je renonce à vous en parler, car il est grand temps que je quitte la plume.

IX

A. M. Harou-Romain, architecte.

Venise. — Les églises de Saint-Jean-et-Paul. — *S. M. dei Frari*, — la *Madonna del' Orto*, — Sainte-Marie-des-Miracles, *S. M. Mater Domini*, — Saint-Fantin, — *San Salvatore*, — Saint-Zacharie, — Saint-Jean-et-Chrysostome, — Saint-Georges-des-Grecs, — *San Felice*, — Saint-François-de-la-Vigne. — — Sainte-Marie Formose, — Saint-Lazare *dei Mendicanti*. — La Salute, — les *Scalzi*.

Avant de vous parler des principales églises de Venise autres que Saint-Marc, il me paraît utile, mon cher ami, de vous faire part des réflexions que peut suggérer l'étude rapide des monuments de l'architecture religieuse des Vénitiens. Vous commencerez ainsi par où j'ai nécessairement dû finir; mais qu'importe si, en fin de compte, ma narration gagne à cette méthode d'être un peu plus intelligible?

La première remarque que je consignerai ici, c'est que le style d'architecture importé de Constantinople ne put pas s'acclimater à Venise. Il n'existe dans la ville des doges aucun autre édifice que Saint-Marc, aucun vestige ayant quelque lien de parenté avec l'art néogrec, car l'Etablissement des Turcs, sur le Grand-Canal, qui date du xie siècle, est évidemment dû à des artistes grecs, peut-être à ceux-mêmes qui travaillèrent à Saint-Marc. On ne s'explique pas d'abord comment un fait d'une si grande importance que la construction du célèbre monument byzantin ait pu se produire sans exercer une influence quelconque autour de lui. En vain objecterait-on que les témoignages du contraire ont pu, avec les siècles, être anéantis ou disparaître, cet argument serait sans valeur; le temps, en effet, n'efface jamais aussi complétement les traces du passé. Ce qui est plus probable, et cela me paraît démontré, c'est que les Vénitiens du xe au xiie siècle, exclusivement belliqueux, négociants ou pirates, n'étaient pas mûrs pour les arts, et que les travaux, les productions des artistes grecs furent et restèrent pour eux lettres closes. Au surplus, l'éducation artistique des Vénitiens fut plus longue à se faire qu'on ne pourrait le croire; au xiiie siècle encore la Sérénissime République ne possédait pas d'architectes assez habiles, selon elle, pour que la construction des édifices pût leur être confiée. Les églises de Saint-Jean-et-Paul et des *Frari*, qui appartiennent à cette époque et que leur importance relative place au premier rang, sont l'œuvre de l'architecte et sculpteur Nicolas de Pise. Bien plus, le plus grand nombre des édifices civils ou religieux de Venise sont dus à des artistes étrangers. Le palais Cornaro, l'hôtel de la Monnaie (la *Zecca*), la *Logetta* du Campanile, l'ancienne bibliothèque, les *Fabbriche nuove* du Rialto, l'église de Saint-Georges-des-Grecs, l'intérieur de celle de Saint-François-de-la-Vigne, etc., sont autant d'œuvres du Florentin Sansovino. C'est à Palladio qu'on doit les églises de Saint-Georges-Majeur et du Rédempteur, et Palladio était de Vicence. Un autre Vicentin, Scamozzi, éleva à Venise les Procuraties neuves, le palais Contarini, l'église de Saint-Nicolas de Tolentino et celle des *Mendicanti*. Le Bolonais Serlio fut l'architecte de plusieurs édifices vénitiens, et, entre autres, du palais Zeno; enfin c'est à San Micheli, qui était Véronais, que sont dus les palais Grimani et Mocenigo, ainsi que la forteresse de Saint-André, du Lido. Et, notez-le bien, je pourrais ajouter à cette liste beaucoup d'autres noms d'artistes moins connus sans doute, mais pourtant très-recommandables encore, si vous ne vouliez pas me permettre de m'en tenir aux plus célèbres.

Toutefois je ne prétends pas pour cela dénier à Venise la part d'illustration qui lui appartient en propre à l'endroit de l'architecture ; cette prétention serait aussi absurde qu'injuste. Il faut, par exemple, faire des réserves pour les parties du palais ducal qui remontent au xive siècle, et en faveur de l'architecte et sculpteur vénitien Philippe Calendario; il en faut faire aussi au profit de la lignée vénitienne des Lombard dont Pietro fut le chef et qui fournit à son pays, pendant le xve et le xvie siècle, une dizaine d'artistes distingués parmi lesquels on compte au moins trois architectes éminents. Vous voyez que je ne marchande pas avec la vérité. Mais ces exceptions, si brillantes qu'on voudrait les faire, ne sauraient empêcher de conclure que, en général, le génie vénitien, qui s'est manifesté avec tant d'éclat dans la peinture, comme Titien en est la preuve, fut toujours plus ou moins rebelle à l'architecture. Au surplus, ce n'est pas avec des phrases que, dans une question de cette nature, on peut espérer de porter la conviction dans l'esprit de son lecteur, c'est en appuyant ses appréciations des arguments les plus convaincants, je veux dire des exemples, des témoignages matériels qui ont servi de base à ces appréciations. C'est ce que je vais me mettre en devoir d'entreprendre ici sous vos yeux.

Je vous ai parlé plus haut de l'église de Saint-Jean-et-Paul et de celle des *Frari*; ce sont les deux édifices religieux les plus anciens et les types de ceux de la période ogivale du xiiie siècle à Venise. Vous savez que les Italiens du moyen âge n'adoptèrent jamais franchement le principe de l'architecture qui florissait alors dans nos contrées occidentales; ces deux églises le prouvent surabondamment. Ce n'est pas que je veuille faire un reproche à l'Italie de n'avoir jamais donné droit de cité à une architecture qui n'était faite ni pour son ciel ni pour les matériaux de son sol; au contraire, je comprends très-bien que l'Italie artiste ait voulu rester elle-même. Par malheur, les préoccupations des architectes de cette époque furent plus fortes que leur volonté : malgré eux, en effet, l'influence du nord de l'Europe se fit sentir dans leurs œuvres, et force leur fut de faire des emprunts plus ou moins nombreux à ces barbares d'outre-monts dont ils détestaient pourtant si fort les ouvrages.

L'église de Saint-Jean-et-Paul est construite sur un plan en forme de croix latine. Sa nef principale est doublée de deux collatéraux qui s'arrêtent au transsept. Le chœur, terminé par une abside polygonale qui dessine la tête de la croix, est accompagné de quatre petites chapelles orientées, deux à droite et deux à gauche, lesquelles s'ouvrent sur le transsept dont elles occupent un des grands côtés dans toute sa longueur. Les piles à fût cylindrique de la nef se terminent par des chapiteaux à tailloir octogone dont la corbeille est ornée avec parcimonie de plates et maigres feuilles. Du dessus de ces chapiteaux, qui servent de retombée aux arcs ogivaux de chacune des travées, s'élancent des pilastres cantonnés de colonnettes qui vont recevoir les arcs-doubleaux et les nervures de la voûte. Tout cela, vous le voyez, s'éloigne fort des saines et vieilles traditions de la classique Italie; mais rassurez-vous, le courage a manqué à l'architecte pour pousser les choses jusqu'à leurs dernières conséquences : après avoir disposé les parties portantes de la construction pour recevoir une couverture voûtée, il s'est ravisé à temps, et la montagne est accouchée d'une simple charpente. Le vieux Nicolas de Pise fit sans doute cette réflexion, que si les murs goutterots de sa grande nef n'étaient pas solidement arc-boutés à l'extérieur, ils ne résisteraient pas à la poussée de la maîtresse voûte, et, pour éviter l'arc-boutant gothique, il se contenta d'une couverture latine, avec cette différence toutefois, qu'une voûte postiche en planches recouvertes de plâtre ou de mortier cacherait aux yeux du spectateur la charpente du comble. En résumé, cette église, élevée par le chef de l'école pisane, n'est rien autre qu'une basilique assez grossièrement travestie sous un affublement de coupe ogivale; mais, au demeurant, très-facile à reconnaître.

Quant aux *Frari*, dont le plan est le même que

celui de Saint-Jean-et-Paul, sauf que le chœur est accompagné de six chapelles parallèles au lieu de quatre, je ne pourrais pas vous en dire autre chose. L'aspect extérieur de ces deux églises est aussi à peu près le même : en façade la grande nef est accusée par un haut pignon percé d'un grand oculus, et séparée de chacun des bas-côtés par un pilastre tenant lieu de contre-fort.

A Saint-Jean-et-Paul les petites nefs étaient éclairées primitivement de deux croisées ogivales par travée; mais cette église étant devenue la nécropole des doges, on a muré les croisées pour offrir ainsi un plus vaste champ aux monuments funéraires que l'usage, en Italie, est d'appliquer contre les parois intérieures des édifices. Puis, pour retrouver la lumière perdue, on a pratiqué au XVIIe siècle, dans le haut des murs extérieurs de ces basses nefs, de grandes ouvertures demi-circulaires, divisées en trois par deux meneaux verticaux, semblables aux baies de même forme qui éclairent nos magasins et nos usines, ce qui n'est ni très-monumental ni très-élégant.

Où la forme ogivale domine réellement, c'est dans les absides du chœur et des chapelles qui l'avoisinent. Ces absides, élevées sur un plan heptagone, sont percées sur chacun de leurs pans de lancettes dont le vide est divisé par des meneaux, mais quels meneaux!

les plus lourds qui se puissent voir et les plus habilement combinés pour diminuer de moitié au moins la somme de lumière que chaque baie pourrait distribuer dans l'intérieur.

Vous savez que ces églises, comme presque toutes celles de l'Italie du nord, sont construites en briques : cependant la brique ne pouvant se prêter à toutes les formes, le marbre y est substitué partout où l'ornementation l'exige ; ainsi les corniches, les meneaux des fenêtres, les colonnes et leurs chapiteaux sont taillés dans le marbre. Par malheur, ces ouvrages accessoires, traités en général avec une grande finesse de taille, ne s'accordent guère avec les parements bruts et rugueux de la brique. Aussi l'assemblage de matériaux si différents de nature et d'aspect est-il, en Italie, un obstacle très-sérieux à l'unité, à l'harmonie même des compositions de l'architecture. Est-ce pour cela seulement que les monuments dont il s'agit sont si peu agréables à voir ? Non, c'est que, en définitive, et indépendamment de l'emploi plus ou moins judicieux des matériaux dont ils sont construits, ces édifices sont les plus pauvres productions architectoniques imaginables. Ni invention, ni originalité, ni goût, ni élégance, telle est, en quatre mots, la critique qu'on en peut faire.

A l'intérieur de ces deux églises, l'ornementation

se réduit aux seuls chapiteaux des piles; à l'extérieur, la partie décorative se compose de cet éternel feston d'arcatures entre-croisées qui court sous toutes les corniches italiennes de la même époque; de trois clochetons plantés sur les pignons de la façade, et puis c'est tout. Vous voyez que cela ne constitue pas pour le xiii siècle vénitien un bien riche bagage; et pourtant, à la même époque—je ne puis me défendre de faire ce rapprochement—à la même époque, dis-je, on élevait en France les cathédrales de Paris, d'Amiens, de Chartres, de Strasbourg et de Reims!

Heureusement que pour l'église de Saint-Jean-et-Paul, ce Saint-Denis de Venise, le contenu est plus intéressant que le contenant. Ce contenu, ce sont les monuments funéraires qui figurent là en très-grand nombre. Voici les notes que j'ai prises devant les plus remarquables de ces monuments :

A droite, en entrant, se trouve le mausolée du doge P. Mocenigo, œuvre de Pierre Lombard et de ses fils. C'est un placage du xv siècle, florentin par son ordonnance, dont le motif principal consiste en un sarcophage sur lequel est debout la statue du doge et que portent trois figures. D'autres statues dans des niches latérales et un très-bon bas-relief complètent cette décoration, dont le style et l'exécution laissent peu de chose à désirer.

Je ne vous parlerai pas longuement du tombeau de Bertuce-Valier et de sa femme, qui occupe, je crois, toute la quatrième travée du bas-côté de droite, parce que je ne m'en souviens que comme d'une composition pleine de l'emphase et du mauvais goût qu'on rencontre si souvent dans les œuvres du xviiie siècle. Mais j'ai conservé le souvenir d'une très-belle urne sépulcrale de la fin du xvie siècle qui décore l'une des parois de la chapelle du Crucifix. Cette urne, portée par des consoles d'un galbe très-hardiment accusé, est appliquée contre un petit péristyle ionique, d'une ordonnance irréprochable. Le dessin ferme, élégant et fin de ce monument n'est pas moins remarquable que son exécution.

Le mausolée du doge Michel Morosini, qui occupe la paroi méridionale du chœur, se compose d'une sorte de gâble dans la partie inférieure duquel est ajustée la statue du doge, couchée sur un sarcophage. Les clochetons dans lesquels s'emmanche le gâble, la mosaïque dont le tympan de ce gâble est revêtu, la jolie ornementation du soffite ogival, font de l'ensemble de cette composition un intéressant échantillon de l'art vénitien du xve siècle.

Un des monuments les plus vantés de l'église de Saint-Jean-et-Paul, celui du doge André Vendramin, fait vis-à-vis au précédent. La statuaire, qui en est très-belle, est attribuée à deux artistes éminents : Leopardi et Tullio Lombardo.

Au-dessus de la porte de la chapelle du Rosaire, et supporté par deux colonnes qui deviennent ainsi un ornement pour cette porte, le mausolée du doge Antoine Vénier se fait remarquer par l'heureux arrangement de sa composition. La statue couchée du doge et celles plus petites de la Vierge et des saints Pierre et Paul, qui occupent les niches creusées dans le sarcophage, sont d'un excellent style et des mieux réussies.

Le mausolée du doge Nicolas Marcello, mort en 1473, qui décore une des travées du bas-côté septentrional de l'église, mérite plus d'éloges encore. L'auteur de l'*Itinéraire en Italie* dit de ce monument que « c'est un ouvrage d'un goût délicat, d'une grâce facile et de la plus belle exécution. » Cette appréciation de M. Du Pays, comme presque toutes celles que contient son excellent livre, est des plus exactes. Je n'y ajouterai qu'un mot : c'est que « la grâce facile » que signale avec raison M. Du Pays, n'exclut pas, tant s'en faut, dans cette harmonieuse composition, la sévérité de l'ordonnance et la pureté du dessin ; ce qui ajoute encore à la valeur de l'œuvre.

En somme, cette collection de monuments est une des choses de Venise les plus intéressantes à étudier.

Peut-être tout cela laisse-t-il à désirer un peu plus d'originalité dans la conception, plus de variété dans les types ; mais la donnée toujours la même d'une muraille à décorer et d'un mort à mettre en scène n'est pas faite non plus, il faut le reconnaître, pour jeter beaucoup d'imprévu dans ces sortes de compositions.

Nous ne pouvons pas quitter le *Campo San-Zanipolo* sans saluer, au moins du regard et de quelques mots d'éloges, deux monuments qui sont comme des annexes de l'église : la *Scuola* ou confrérie de Saint-Marc, et la statue équestre du général Colleoni.

La *Scuola*, devenue l'*Hôpital civil*, appartient à cette première renaissance vénitienne qui préceda celle de Sansovino, laquelle est due à Pierre Lombard et à sa descendance. Vous connaissez le principe de cette architecture : toute la grosse œuvre est maçonnée en brique, tandis que la décoration est exécutée en revêtements et incrustations de marbre : en d'autres termes, les parties apparentes de l'édifice ne sont qu'un placage rapporté après coup ; quant à l'édifice lui-même, il a disparu sous cette parure d'emprunt. Il y aurait bien à dire sur ce système de construction dont les éléments constitutifs, soumis à des lois différentes, deviennent, par leur emploi même et quoi qu'on fasse, étrangers les uns aux autres. Sans parler des inconvénients qui peuvent en résulter pour la stabilité des édifices, ne doit-on pas craindre qu'avec cette façon de procéder, l'architecte, étant dispensé de compter avec la construction proprement dite, n'ait plus en vue que la décoration, c'est-à-dire l'accessoire, la forme et non le fond, qui est le principal ? C'est précisément ce qui est arrivé pour les monuments vénitiens de cette école, et notamment pour celui dont il est ici question. La façade de la *Scuola* ne fut, on le sent trop, pour Martin Lombard, comme pour un peintre sa toile, qu'une surface quelconque à couvrir de ceci ou de cela, selon le caprice de sa fantaisie. Et la comparaison est si juste que l'architecte, j'allais dire le peintre, a poussé la manie du décor jusqu'à peindre en relief,—passez-moi le mot,—dans les parties lisses de sa façade, des trompe-l'œil, des perspectives profondes, au fond desquelles apparaissent dans le lointain, ici des personnages, là le lion de Saint-Marc, dont la mine rien moins qu'évangélique semble méditer sournoisement quelque attentat contre les passants.

Vous connaissez les meubles français du xvi° siècle, où les ébénistes du temps, gens de beaucoup d'imagination, s'évertuaient à figurer en bois de couleur des temples ou des palais en miniature ? Je ne puis mieux comparer l'architecture des Lombard qu'à ces petits chefs-d'œuvre de patience et d'adresse. Centuplez les dimensions de ces meubles, substituez les marbres orientaux à l'ébène, à l'ivoire, au bois de rose, et vous aurez une idée de la *Scuola di S. Marco.* Est-ce à dire pour cela que le talent, l'habileté, l'imagination même font défaut dans cette composition? Non, certes, mais ce qui manque là, c'est le raisonnement, c'est le sérieux, c'est le goût élevé que comporte l'art monumental. Quelque coquet, quelque gracieux que soit ce joli paravent multicolore, il est impossible de le considérer autrement que comme une espèce d'ouvrage d'ébénisterie.

La statue équestre de Colleoni, fondue en bronze par Alexandre Leopardi, sur le modèle du Florentin André *del' Verocchio,* est tout simplement une très-belle chose, piédestal, cavalier et cheval. Il paraît que ce monument fut élevé aux frais du célèbre général bergamasque lui-même; à mon avis, cette particularité gâte un peu l'idée qu'on se fait d'un personnage d'une si fière tournure. A ce compte, en effet, que de gens pourraient aujourd'hui se faire élever des statues!

Encore un mot sur l'église des *Frari.* Je ne veux pas revenir sur l'édifice lui-même, mais mentionner seulement, en quelques mots, deux ou trois des principaux monuments funéraires qui s'y trouvent.

L'urne sépulcrale de Jacques Marcello est, malgré ses proportions restreintes, un des plus remarquables de ces ouvrages. L'amiral, mort comme on sait à l'assaut de Gallipoli, en 1484, est représenté debout sur le sarcophage, armé de l'étendard vénitien, dont il tient la hampe de la main droite. Aux extrémités, deux petits génies, qui sont de véritables chefs-d'œuvre, portent des écussons blasonnés. Les cariatides qui supportent le sarcophage, moins remarquables que les autres figures, se recommandent néanmoins par de très-grandes qualités. Ce petit monument, supérieurement étudié et à la fois très-ferme et très-fin de lignes, est un des plus charmants échantillons du style des Lombard.

Le mausolée de François Foscari décore la paroi de droite de la grande chapelle. Sa composition est peut-être plus intéressante par son originalité que par son exécution : c'est une sorte de lit de parade sur lequel est étendu ce vieux doge qui, vous le savez, mourut de douleur, à quatre-vingts ans, en entendant les cloches de Saint-Marc annoncer l'exaltation de son successeur Pascal Malipieri. Aux quatre coins du tombeau veillent les Vertus cardinales, attributs de l'illustre défunt. Peut-être certains détails de ce monument pèchent-ils par un peu de lourdeur, mais l'ordonnance générale en est très-bonne.

Sur la paroi de gauche de la même chapelle s'étale pompeusement le monument du doge Nicolas Tron, mort en 1473. C'est une composition plus ambitieuse, divisée en quatre ordres sur la hauteur. On y compte dix-neuf statues, parmi lesquelles celle du doge, debout sur le soubassement, entre deux belles figures personnifiant la Prudence et la Charité. Les guerriers tenant des écussons, qui occupent les niches latérales et les bas-reliefs qui les avoisinent, sont également d'un beau style, mais les figures de l'ordre supérieur paraissent, au milieu de ces belles choses, un peu maniérées; elles doivent être d'une autre main. Néanmoins ce mausolée est l'un des plus beaux de la collection.

Je ne puis passer sous silence les tombeaux de Titien et de Canova, situés, le premier, dans le collatéral sud, et l'autre dans le collatéral nord. Celui du Titien, moderne, puisqu'il ne fut achevé qu'en 1851, est une grande chose en marbre de Carrare, dont les différents plans, étagés je ne sais comment, laissent dans le souvenir l'idée d'une cascade de statues et de bas-reliefs. La figure assise du grand peintre vénitien est assez satisfaisante, mais toutes celles de second ordre, qui lui font cortége, accusent plus de bonne volonté que de talent. Cette statuaire efféminée, maigrelette, sans accent et sans force, est comme ces fruits étiolés d'un vieil arbre mourant, qui, faute de séve, ne peuvent plus ni croître ni mûrir.

Quant au monument de Canova, c'est un de ces drames de marbre comme il en fut tant représenté dans les églises pendant le dernier siècle, et dont le tombeau du maréchal de Saxe, à Strasbourg, est un des principaux exemples. Représentez-vous une pyramide à large base, posée sur quelques degrés où s'étagent des figures allégoriques. A droite, « la plaintive *Sculpture*, en longs habits de deuil, » va franchir le seuil de la porte béante du tombeau. Elle est suivie de ses sœurs, non moins désolées, l'Architecture et la Peinture, l'une soutenant l'autre, qui vont avec elle gémir sur le cercueil. Ces pleureuses sont escortées de leurs génies respectifs, lesquels, si l'on juge de leur âge par leur style, ont dû naître sous le premier Empire. La gauche est occupée par le lion de Saint-Marc, non plus fier et menaçant comme on le connaît, mais « l'œil morne maintenant et la tête baissée, » paraissant anéanti, abasourdi, abîmé par la douleur, comme la triste Venise qu'il représente. A la suite du lion, un grand jeune homme, nu comme la Vérité, est assis sur une des marches. Sa tête penchée indique qu'il prend part à l'affliction générale;

mais la grâce étudiée de sa pose pourrait faire supposer le contraire. On se demande d'abord quel est ce personnage, pourvu de grandes ailes déployées, comme s'il s'agissait pour lui de planer dans les airs, tandis qu'il est tranquillement assis sur un degré de marbre ; mais à son costume d'Adamite, qu'un simple mortel ne se permettrait pas devant des dames, à ce flambeau renversé qu'il tient à la main, à ces palmes et à ces couronnes restées sans emploi, on reconnaît bientôt le génie académique et un peu maniéré du grand Canova.

Je ne sais, mon cher ami, si vous vous rendez bien compte de cette composition, mais je vous assure que l'effet n'en est pas heureux. Toutes ces allégories, qui sont autant de logogriphes à déchiffrer, s'accordent si peu avec l'idée simple et solennelle de la mort ! N'avez-vous pas fait cette remarque que plus on veut faire parler une tombe et moins elle est éloquente ? C'est ce qui a lieu pour celle-là. Cette porte ouverte, dont la noire profondeur simule à sa façon la nuit éternelle, cette grande figure, enveloppée d'un long crêpe, et ces autres pleureuses qui complètent le convoi, tout cela, joint à la mise en scène des personnages, qui est très-soignée, peut paraître dramatique, lugubre même, mais quant à être funèbre dans la bonne acception du mot, c'est ce que je nie. C'est là un spectacle indigne de la mort et que je ne comprendrais qu'exécuté en cire, pour exciter la sensiblerie des badauds d'un théâtre forain.

L'église de la *Madonna del' Orto*, bâtie à la fin du xive siècle, est de la même famille que les précédentes. Cependant sa façade du xve siècle a un caractère ogival plus prononcé, non dans son ordonnance générale, puisqu'il s'agit encore d'une sorte de basilique, mais dans sa décoration extérieure. La porte, dont les pieds-droits sont ornés de colonnes, appartient au style fleuri ; son archivolte plein-cintre est surmontée d'une accolade ornée de feuillages bien modelés, mais s'ajustant mal avec les lignes de l'architecture. Le pignon, assez aplati, vu le peu de pente de la charpente du comble, est décoré sous ses rampants d'une arcature tréflée et surmontée, comme à l'église de Saints-Jean-et-Paul et aux *Frari*, de clochetons qui en marquent les extrémités inférieures et le sommet. Ce qui caractérise surtout la physionomie extérieure de cet édifice, c'est que chacun de ses bas-côtés est éclairé sur la façade par une grande fenêtre ogivale, tandis que dans les autres églises vénitiennes de la même époque, ces ouvertures n'existent pas. Vous avez vu qu'à l'église des *Frari* les meneaux des fenêtres des absides sont d'un dessin lourd et insignifiant ; à la *Madonna del' Orto*, au contraire, ils sont très-détaillés et si finement découpés qu'ils arrivent à la sécheresse ; on y sent l'influence du Dôme de Milan. Au-dessus des fenêtres dont je viens de parler, les pignons des bas-côtés sont surélevés, suivant la pente du comble, d'une sorte d'acrotère, ou plutôt de balustrade pleine, évidée de niches trilobées, lesquelles sont occupées par autant de statues représentant les douze Apôtres. En définitive, tout cela n'est pas très-remarquable ; cette architecture est lourde et d'un goût médiocre. Le seul intérêt réel qui s'y attache, c'est qu'elle donne la mesure et indique les limites extrêmes de l'influence de l'Occident sur l'art monumental à Venise. La *Madonna del' Orto* clôt la série si peu brillante des édifices qui furent élevés sous cette influence.

La troisième époque de l'architecture des Vénitiens, la Renaissance, comprend trois écoles bien distinctes dont les chefs furent Pierre Lombard, Sansovino et Palladio. La première de ces écoles, dont la *Confrérie de Saint-Marc* est une des meilleures productions, se distingue principalement par le système de décoration dont je vous ai parlé, et qui consiste dans l'incrustation et l'application de marbres de couleur sur les parois brutes de la grosse maçonnerie. Cette architecture, la seule vraiment vénitienne (je ne parle que des édifices religieux), fleurit surtout pendant la première moitié du xve siècle, mais elle dura peu. Les Lombard, qui dans leur architecture avaient sacrifié l'essentiel à l'apparence, qui ne s'étaient attachés qu'à parer leurs édifices d'une sorte de manteau plus ou moins richement façonné, les Lombard, dis-je, virent leur art charmant, mais peu sérieux, passer vite de mode, et force leur fut de céder la place à un artiste étranger, au Florentin Sansovino, dont le génie plus mâle et à la fois plus souple devait doter Venise d'un grand nombre de magnifiques ouvrages.

Les principales églises appartenant au style des Lombard sont celles de Sainte-Marie-des-Miracles et l'intérieur de *S. M. Mater Domini*, dues à Pietro; Saint-Fantin et San-Salvatore (sauf la façade qui est du xviie siècle), dont Tullio donna les plans; Saint-Zacharie, qui fut élevée par Martino, l'architecte de la *Scuola* de Saint-Marc; Saints-Jean-et-Chrysostome, dont l'achèvement ainsi que la construction du Campanile sont de Moro; enfin Saint-Georges-des-Grecs et Saint-Félix, qui eurent pour architecte Sante Lombardo.

Sansovino construisit peu d'églises. On ne connaît guère à Venise que celles de Saint-François-de-la Vigne et de Saint-Georges-des-Grecs auxquelles il ait travaillé. En revanche, beaucoup d'autres églises furent élevées au xvie siècle dans le style du grand artiste florentin, et notamment Sainte-Marie-Formose, S. M. Mater Domini et Saint-Georges-des-Esclavons. La critique que l'on peut faire de ces édifices, que recommandent d'ailleurs des qualités très-sérieuses, c'est qu'ils sont pour la plupart dépourvu du caractère qui convient à leur destination. Je ne vous en parlerai pas plus longuement ici; ils diffèrent si peu par leur ordonnance des édifices civils de la même école, qu'il me suffira, je crois, d'étudier ces derniers, qui sont les plus importants d'ailleurs, pour donner une idée des autres. Il est vrai que cette combinaison vous mettra dans l'obligation de lire la lettre qui suivra celle-ci. Je vous en demande pardon.

Quant à l'école palladienne, vous la connaissez, car elle est devenue classique. Je crois qu'il n'existe à Venise que deux édifices bâtis par Palladio : l'église de Saint-Georges-Majeur et celle du Rédempteur. Or, Palladio n'ayant jamais excellé dans l'architecture religieuse, ce n'est pas là qu'il faut aller étudier les œuvres du savant artiste vicentin, c'est dans sa patrie même, qui compte en très-grand nombre les édifices civils élevés par lui. Cependant ces deux productions du maître résument assez bien, selon moi, les qualités et les défauts de son talent :

une certaine grandeur dans la disposition générale des édifices, des plans bien conçus, clairement tracés; une architecture savamment étudiée, dont l'ordonnance est toujours calme, sévère et empreinte d'une sérénité imposante; une grande sobriété d'ornements, une science des proportions dont il faut bien faire honneur au goût de l'artiste; tel est à mon avis ce qu'un négociant appellerait l'actif de Palladio. Par malheur ce grand architecte,— et c'est là son passif,—a trop souvent les défauts de ses qualités. La sagesse, la belle tournure, la correction irréprochable de son architecture vont presque toujours jusqu'à la froideur et à la sécheresse. La règle et le compas du professeur se font sentir partout, mais ce qu'on ne trouve nulle part, c'est le sentiment, c'est le charme qui s'attache d'ordinaire aux œuvres des grands artistes, c'est la vie enfin. Ces belles choses vous laissent froid et indifférent; on peut les admirer, mais on ne saurait les aimer.

Après Palladio vinrent Scamozzi et Serlio, ses continuateurs. Scamozzi construisit l'église de Saint-Nicolas de Tolentino, et fut l'un des architectes de Saint-Lazare des *Mendicanti*. La Renaissance proprement dite finit avec ces deux artistes. Après eux arrive la décadence, dont le plus illustre représentant fut Balthasar Longhena, l'architecte de l'église de la Madonna della Salute. Vous connaissez la *Salute* par cette charmante toile de Canaletti, qui fait partie de la galerie italienne du Louvre, et aussi par les tableaux de J. Joyant; vous savez que cet édifice n'est rien moins que l'idéal de l'architecture religieuse? Cependant sa situation à l'entrée du Grand-Canal est d'un si bel effet décoratif, qu'on ne se sent pas le courage d'en critiquer les détails. Bien plus, on ne saurait imaginer rien de mieux comme premier plan à cette perspective de palais, que ce dôme élégant, qui rappelle celui du Val-de-Grâce, avec ses contre-forts dont la base s'arrondit gracieusement en larges volutes.

Enfin vient le rococo et toutes ses extravagances et tous ses caprices. Le rococo joue son rôle à Venise comme à Versailles et à Trianon, mais peut-être encore avec un plus grand sans-gêne.

L'église des *Scalzi*, celle des Jésuites et de San-Mosé sont les plus curieux échantillons du genre. Il est impossible d'imaginer rien de plus absurde. Aussi le rococo vénitien me paraît-il préférable au nôtre. Quand on prend du ruban, on n'en saurait trop prendre.

X

A M. Maurice Ouradou, architecte.

Venise.—Les Procuratie Vecchie. — La Libreria Vecchia.—
Les Procuratie Nuove.—La Logetta du campanile.—La Tour
de l'horloge.—Le Palais ducal.—La Porte et le Passage de
la Carta. — L'Escalier des Géants. — La salle du Grand
Conseil.—M. l'abbé Valentinelli.

Quand on compare Venise à la plupart de nos villes françaises que l'accroissement de la richesse publique, les progrès de la civilisation et les perfectionnements matériels de l'art monumental ont si bien ou si mal rajeunies, transformées depuis un demi-siècle seulement, c'est un curieux spectacle que celui de cette reine de l'Adriatique, toute parée encore de ses vieux atours, de sa splendeur déchue, et qui semble devoir s'éterniser dans ses ruines. En effet, Venise n'est ni plus ni moins grande aujourd'hui qu'il y a trois siècles; son plan est resté le même; ses canaux grands et petits, ses *campi* si nombreux, ses quatre cent cinquante ponts, ses deux mille *calle*, ses vingt mille maisons, ses trois cents palais, ses églises, tout cela vient en droite ligne du passé, tout cela a résisté aux ravages du temps et échappé à ces embellissements, parfois si laids, dont raffolent à l'envi nos édiles modernes. Rien n'est venu déranger cet agencement curieux, unique, de canaux, de ruelles et d'impasses dont les lignes capricieusement entrelacées, enchevêtrées, brisées dans tous les sens et comme à plaisir, composent le réseau le plus inextricable et font ressembler le plan de Venise à un jeu de casse-tête chinois. Ni *rue de Rivoli* aux lignes roides, aux retours anguleux, pointus et secs, aux perspectives monotones; ni larges boulevards inondés d'une lumière aveuglante, bordés de hautes maisons aux teintes blafardes; ni macadam même; rien ne trouble la tranquille harmonie de ces vieux restes, rien ne fait tache sur les tons vigoureux de briques, de marbres colorés, d'enduits rosés, jaunis, dorés par le soleil : l'action du temps a si bien fondu tout cela dans cette teinte générale, douce, et, permettez-moi le mot, caressante qui est comme un reflet du beau ciel de Venise, que tous les édifices de cette cité semblent aujourd'hui, par leur couleur, appartenir au moyen âge et avoir été taillés dans le même bloc.

Toutefois, ne vous empressez pas, mon cher confrère, de lâcher la bride à votre imagination : Venise est restée la même, mais les Vénitiens sont bien changés. Cette couleur locale dont je viens de vous parler ne se retrouve plus, hélas! que sur les vieilles murailles; tout le reste est bien décidément déteint. Les Vénitiennes ont quitté depuis longtemps leurs patins et leur masque; elles se promènent maintenant à visage découvert, — ce dont il ne faut pas se plaindre, car elles sont fort jolies,—et trottent comme tout le monde sur les dalles de la Piazza. Les patriciens ont remplacé par notre insignifiant paletot le manteau rouge qu'ils savaient si bien draper; les religieuses en robe décolletée, avec une rose au corsage, et, sur le coin de l'oreille, un bouquet de grenades, qui n'ont peut-être jamais existé que dans l'imagination de Charles de Brosses, ne se rencontrent plus que dans les amusantes lettres du spirituel président. Les gondoles sculptées et dorées qui faisaient cortége au fameux *Bucentaure* ont laissé le champ libre à ces petits catafalques coupés tous sur le même modèle et qui semblent porter le deuil de la Venise d'autrefois; le classique gondolier même n'est plus reconnaissable: il a remplacé le bonnet chioggiote par le vulgaire mais commode chapeau de paille, et à sa veste de drap ou de coutil, à son pantalon de toile grise vous le prendriez tout bonnement pour un marinier parisien du port Saint-Nicolas. Vous vous souvenez de tous ces petits personnages si agréablement bariolés qui peuplent les tableaux de Canaletti; ils seraient, je vous assure, bien difficiles à reconnaître sous la redingote marron ou l'habit noir d'aujourd'hui. Quant aux Turcs, Grecs, Arméniens et autres Orientaux qui figurent sur ces toiles, presque aussi nombreux que les indigènes, ils sont partis depuis longtemps avec le commerce de Venise. A l'exception de quelques Grecs malpropres, vrais piliers d'estaminet, qui vont tuer le temps au café de la Costanza, il ne reste plus traces à Venise de ces populations exotiques.

Au surplus, quand par une belle après-dînée d'août on est assis sous les arcades des Procuratie Nuove, devant une des tables du célèbre *Café Florian*, on est bien obligé de reconnaître que ce n'est plus la Venise des romanciers et des poëtes qu'on a devant les yeux, mais tout simplement celle de la réalité. Les Vénitiens qui viennent là savourer les sorbets, les sirops glacés de *Florian*, ceux qui se promènent au large sur la Piazza, ceux qui écoutent la musique des concerts en plein vent et ceux même qui font cette musique, toute cette foule vénitienne enfin diffère si peu de celle de Paris qu'il serait très-difficile, je crois, de distinguer l'une d'avec l'autre. Que cette remarque, d'ailleurs, ne soit pas prise par vous en mauvaise part ; si le type vénitien n'est pas très-caractérisé, si les modes de Venise sont exactement celles de

Paris, si la crinoline est aussi envahissante sur la place Saint-Marc que sur nos boulevards ou aux Champs-Elysées; si, pour tout dire, la Venise vivante a perdu cette originalité de costumes, de mœurs et d'usages, qui défraya si longtemps la poésie et la prose françaises; en revanche, on est heureux de trouver chez les Vénitiens, au lieu de la morgue d'outre-Manche ou de la roideur germanique, cette simplicité d'allures, ce laisser-aller, ce fonds d'esprit et de gaieté qui sont autant de points de ressemblance avec notre caractère national. Couleur locale à part, c'est là une compensation dont les Français au moins doivent tenir grand compte.

Mais il me semble, mon cher confrère, que je m'oublie bien longtemps dans les délices du Tortoni vénitien, et que son excellent café me fait babiller outre mesure. Sans quitter la place pourtant je pourrais vous parler architecture, à propos des Procuratie Vecchie, dont la longue façade noirâtre est comme la toile de fond du spectacle animé des promeneurs, des musiciens ambulants, des marchands de caramel et des élégantes bouquetières qui vont, viennent, s'agitent, se croisent et se coudoient devant moi. Mais les bruits confus des voix et des instruments qui font retentir les échos de la place Saint-Marc des motifs les plus connus de *Rigoletto* et du *Trovatore* trouble-

12

raient peut-être nos graves méditations; abandonnons donc le moelleux coussin de maroquin noir du *Café Florian* et tâchons, si vous le voulez bien, de faire sans trop d'encombre une promenade d'architectes autour de la Piazza.

Les Vieilles Procuraties, donc, s'étendent sur une longueur de cent cinquante mètres environ. C'est un bâtiment percé au rez-de-chaussée de cinquante arcades à plein cintre et à chacun des deux étages supérieurs de cent fenêtres également à plein cintre; les arcades inférieures reposent sur des piliers carrés, les autres sur des colonnes. Le tableau de Gentil Bellin, *une Procession sur la place Saint-Marc,* qui fait partie de la collection de l'Académie des beaux-arts, et qui est daté de 1496, indique qu'à cette époque les deux premiers ordres seulement, qui passent pour être l'œuvre de Pierre Lombard, avaient été élevés; le troisième ordre, ainsi que la mezzanine et le couronnement de cette façade, sont attribués à Guillaume le Bergamasque, travaillant en 1529, sous la haute direction de Bartolomeo Buono. J'en demande pardon à la mémoire de Pierre Lombard, mais l'ordonnance de ce bâtiment est d'une insignifiance bien indigne des autres édifices dus à son grand talent. On ne retrouve là aucune des qualités charmantes, quoique secondaires, qui caractérisent ordinairement les ouvrages du vieux chef d'école, je veux dire l'imagination, la richesse de style et l'élégance qui, à défaut d'autres mérites plus sérieux encore, font admirer certains ouvrages de Pietro, et, par exemple, la façade si originale du palais Dario. Il faut dire toute la vérité : l'architecture des Vieilles Procuraties, dont la maigreur et la pauvreté ne le cèdent qu'à la monotonie de l'ordonnance, ne se recommande pas même par les qualités matérielles de l'exécution ; atteint d'une précoce caducité, ce bâtiment menace ruine de toutes parts aujourd'hui.

Les *Procuratie Nuove*, moins âgées d'un siècle seulement, sont bien autrement valides ! Mais avant de nous occuper d'elles, il faut d'abord porter nos hommages à l'ancienne bibliothèque, à la *Libreria Vecchia*, de Sansovino, dont les Nouvelles Procuraties ne sont qu'une imitation, sinon une copie. Cet édifice, qui forme l'un des angles du môle et de la Piazzetta, se compose en façade : au rez-de-chaussée, d'un portique dorique, dont les points d'appui sont renforcés de colonnes engagées ; au premier étage, d'une suite de fenêtres à plein cintre inscrites dans des entrecolonnements d'ordre ionique. Les trumeaux du premier étage, plus larges que ceux de l'étage inférieur, car les ouvertures sont plus étroites, sont ornées de colonnettes cannelées, cantonnées dans un évidement pratiqué sur l'angle du pied-droit, ce qui fait bien des colonnes peut-être, mais ce qui ne fait pas mal pourtant. L'édifice est couronné par un riche entablement dont la frise, plus haute que ne le veut Vignole, est trouée d'un œil-de-bœuf dans l'axe de chaque travée. De charmants petits Génies postés sur l'architrave, au-dessus de chacune des colonnes, enguirlandent cette frise des plus belles fleurs et des plus beaux fruits. La corniche est surmontée d'une balustrade sur les piédestaux de laquelle s'élèvent des statues fort belles sans doute, mais qui, en découpant leur silhouette sur l'azur du ciel, paraissent maigres, comme presque toujours en pareil cas.

Ce qu'il faut admirer dans la façade de cet édifice, ce n'est pas son ordonnance, qui n'a rien de bien original, c'est sa décoration sculptée, qu'à l'énergie de son style on croirait modelée par Michel-Ange. Les clefs des arcs et les figures qui remplissent les tympans des archivoltes, vigoureusement accentuées comme l'architecture qui les encadre, se dégagent du nu avec des saillies de haut-relief d'une hardiesse d'exécution et d'un effet incroyables. Que la grâce, dans ce qu'elle a d'efféminé, de joli, de mignard, manque là parfois, oh! je vous l'accorde volontiers! mais la force, la puissance, la beauté mâle et sérieuse y sont, je vous en réponds, trop bien exprimées pour qu'on s'avise de souhaiter autre chose.

Je puis maintenant vous parler des Nouvelles Procuraties. Dans la construction de cet édifice, Scamozzi, obligé de se raccorder avec l'œuvre de Sansovino, reproduisit purement et simplement, pour le rez-de-chaussée et le premier étage, l'architecture de la Libreria Vecchia, sauf le magnifique entablement que vous savez, qui ne put être prolongé, puisque les Nouvelles Procuraties dominent l'ancien bâtiment de toute la hauteur d'un deuxième étage. C'est à tort, selon moi, qu'on a blâmé l'architecte vicentin de ne s'être pas conformé rigoureusement à l'ordonnance de l'édifice qui lui avait été imposé pour modèle, c'est-à-dire de n'avoir pas continué la belle frise de Sansovino; avec un troisième ordre, la continuation de cette frise était impossible.

Au surplus, Scamozzi, condamné là à n'être en quelque sorte que le surmouleur de l'œuvre d'un autre, s'est acquitté de cette tâche ingrate non-seulement avec la plus consciencieuse exactitude, mais avec une grande intelligence de son art et un remarquable talent: c'est à ce point qu'on a peine à croire qu'il y ait la différence d'un demi-siècle et d'une autre main entre l'édifice original et sa copie. Je dirai plus: dans la disposition de l'étage supérieur de l'édifice, où Scamozzi, rendu à lui-même, a pu exercer les qualités créatrices de son talent, il ne s'est pas montré indigne du redoutable voisinage de l'architecte florentin : l'ordonnance corinthienne de cet étage est en parfaite harmonie avec la partie inférieure de l'édifice, surtout les dix premières travées de gauche, malheureusement les seules qui aient été terminées par Scamozzi. En somme, cette façade des Nouvelles Procuraties, inférieure sans doute à celle de la Libreria Vecchia, n'en est pas moins encore une très-belle chose.

Revenons à Sansovino pour mentionner une miniature d'édifice, la Loggetta élevée au pied du campanile de Saint-Marc, véritable bijou taillé dans les plus beaux marbres, et si finement taillé qu'on le croirait plutôt l'œuvre d'un orfévre que d'un sculpteur. Je ferai, si vous voulez, bon marché de l'attique et de la balustrade qui couronnent cet édifice ; mais quelle harmonieuse ordonnance que celle du petit étage inférieur ! Les quatre statues de bronze qui occupent les niches des trumeaux : Minerve, Apollon, Mercure et la Paix, sont tout simplement des chefs-d'œuvre de la statuaire du XVIe siècle. Les grands bas-reliefs de l'attique sont les plus charmantes compositions qu'on puisse voir. Je me souviens surtout de celui du milieu : Venise sous les traits de la Justice, assise sur deux lions et accompagnée de deux vieux fleuves à longue barbe étendus à ses pieds, lesquels arrosent la terre de l'eau qui s'écoule à flots de leurs urnes renversées. Celui de droite représente Vénus à peine formée de l'écume de la mer et déjà courtisée par l'Amour. Une magnifique petite grille à deux vantaux, fondue en bronze vers le milieu du xviiie siècle par Antonio Gai, ferme la balustrade d'enceinte de la Logette.

Je ne pourrais guère vous parler que par ouï-dire de la tour de l'Horloge, qui fait suite aux Procuratie Vecchie, car lors de mon passage à Venise elle était masquée par des échafauds et des toiles. Ce que j'en pus voir pourtant ne m'en donna pas une idée bien favorable. Soit dit entre nous, j'ai grand'peur que cette tour ne doive sa réputation qu'aux deux jacquemarts de bronze qui font sentinelle sur la plate-forme, armés chacun d'un marteau pour frapper les heures.

Nous voici arrivés, mon cher confrère, au palais ducal, le plus important et, à beaucoup d'égards, le plus curieux des édifices vénitiens. Grâce à la photographie, qui semble avoir été inventée tout exprès pour la reproduction des monuments de l'architecture, vous connaissez la disposition extérieure de ce palais. Comme vous je connaissais cette disposition avant d'avoir vu Venise, mais en arrivant sur la

Piazzetta, je ne fus pas moins frappé de la bizarre ordonnance de cette façade, dont la scructure semble, à première vue, donner le plus formel démenti aux lois de la statique. Imagine-t-on, en effet, rien de plus choquant,— pour un mathématicien surtout,— que cette grande muraille de marbre à peu près massive, élevée sur une *loggia* entièrement à jour et pesant de tout son énorme poids sur la dentelle non interrompue d'ogives, de trèfles et de quatre-feuilles que vous connaissez? Je ne suis pas mathématicien et pourtant, je l'avoue, la première impression que me fit ce colossal porte-à-faux fut si vive que la trace n'en est pas encore effacée aujourd'hui. Même après avoir découvert le secret de cette comédie, après avoir vu, de mes yeux vu, les ancres, les tirants, les chaînes, les colliers, toutes les ferrailles, toutes les ficelles qui relient, maintiennent, accrochent et rendent solidaires ces rangées de quilles que, sans ces précautions, le moindre roulement ferait tomber à la file comme des capucins de carte ; même après cela, dis-je, je ne pus jamais faire que mes instincts d'architecte ne se révoltassent du contre-sens de cette construction, toutes les fois que je me retrouvais devant elle. Il faut beaucoup de temps, il est vrai, pour s'habituer à voir les bœufs montés sur les ânes.

Heureusement le soleil c'est-à-dire la couleur,

sauve tout en Italie. Que de choses j'ai vues là-bas, et qu'on y admire, qui ne seraient pas supportables dans nos pays septentrionaux ! Je me hâte d'ajouter pourtant que cette réflexion critique ne s'applique pas au Palais ducal, qui n'est pas beau seulement par sa coloration, mais aussi par le dessin, par les détails et même par l'ordonnance de telles ou telles de ses parties, qui sont vraiment remarquables. Mais il n'en est pas moins vrai que la patine déposée par le temps à la surface de ces marbres, dont les tons variés semblent s'être fondus ensemble dans la même teinte chaude et dorée, ajoute singulièrement à la beauté de l'architecture vénitienne.

Quant aux façades ogivales du palais ducal, quelles que soient les critiques qu'un constructeur en puisse faire, elles n'en sont pas moins l'édifice le plus pittoresque, le plus charmant, et, à mon avis, la plus attrayante chose de ce genre qui existe dans toute l'Italie du Nord.

Au surplus, vous n'ignorez pas, mon cher confrère, que cette partie importante du palais des doges est l'œuvre de plusieurs architectes et n'appartient pas à la même époque, ce qui peut expliquer bien des choses. La belle et riche disposition ogivale que vous savez est due à l'architecte et sculpteur vénitien Philippe Calendario, qui, pour avoir conspiré avec

Marino Faliero, fut pendu en face du palais même qu'il avait construit. Cet artiste éleva, dans la première moitié du xiv⁰ siècle, la façade sur le môle et six travées de celle en retour. Ce n'est qu'au xv⁰ siècle que le grand étage en mosaïque de marbres rouge et blanc fut ajouté, comme le prouve d'ailleurs l'écusson du doge Foscari, qui surmonte la fenêtre centrale de la façade sur la Piazzetta. Quel dommage que Calendario ne se soit pas contenté d'être un grand artiste et qu'il ait voulu tâter du métier de conspirateur! En achevant lui-même ce curieux monument, il eût complété sa pensée, qu'évidemment nous n'avons pas là tout entière.

Pour apprécier toute la valeur de Calendario, il faut se rappeler qu'en 1309, lorsqu'il jeta les premiers fondements du Palais ducal, il n'avait sous les yeux, pour s'inspirer, que les tristes églises gothiques de Nicolas de Pise, Saint-Jean-et-Paul et les Frari, et que, sauf la forme ogivale qu'il put emprunter à ces édifices, tout le reste appartient en propre à son seul génie. L'architecture du Palais ducal n'est pas, dira-t-on, l'œuvre d'un esprit très-inventif; l'ordonnance en est simple et le thème facile; d'accord! mais n'oublions pas où nous sommes. Venise, je l'ai déjà dit et je le dirai encore, ne fut jamais, à mon avis, pour l'architecture le pays de l'imagination, de l'invention, et par conséquent de la variété, de l'imprévu. Si donc il y a pour l'art vénitien un côté vulnérable, il faut, bon gré mal gré, en prendre son parti et chercher franchement ailleurs quels peuvent être les mérites de cet art. Or, l'œuvre de Calendario arrivant presque immédiatement après les médiocres essais tentés à Venise pendant la seconde moitié du xiiie siècle, donne une idée d'autant plus haute des talents et du goût de l'architecte vénitien. Certes l'artiste qui put ainsi perfectionner dans son esprit, dans ses contours, dans ses combinaisons diverses une forme si maladroitement employée avant lui par le chef de l'école pisane, cet artiste, dis-je, mérite tous nos respects.

Après avoir loué l'architecte, il faut louer le sculpteur, car Calendario a rempli ces deux rôles au Palais ducal. Les chapiteaux des colonnes du rez-de-chaussée, qui passent pour avoir été taillés de la main même de l'artiste vénitien, sont d'une ampleur de style, d'une abondance de détails, et, pour tout dire, d'une beauté dont il n'existe certainement aucun autre exemple dans l'architecture de la même époque en Italie. Ces chapiteaux se composent de feuillages touffus, combinés avec des sujets supérieurement traités représentant les Vertus chrétiennes et domestiques. Un autre intérêt que présentent ces belles compositions, où la force, l'énergie, la puissance le disputent à la grâce et à la finesse, c'est qu'elles sont frappées au coin de l'originalité la plus incontestable. Cela ne ressemble ni à la sculpture du xiie siècle, qui à Venise est exclusivement grecque, ni à celle du xiiie siècle, qui est là d'importation toscane, et d'ailleurs sans couleur, sans mérite, sans vie. Il en faut dire autant de la statuaire de cette époque et de ce maître: le groupe de *Noé et ses fils*, qui fait face au pont de la Paglia, et l'*Adam et Eve* de l'angle de la Piazzetta, sont de très-belles figures, bien composées, bien modelées, d'une tournure et d'une exécution magistrales qui appartiennent en propre au génie de Calendario.

Je vous ai dit que l'édifice du xive siècle finit à la sixième travée et au septième pilier de la façade en retour sur la Piazzetta: au xve siècle, vers 1424, deux architectes célèbres, Giovanni et Bartolomeo Bon, le père et le fils, vinrent continuer l'œuvre de Calendario. Aux six arcades qui existaient alors ils en ajoutèrent douze autres, et on doit leur rendre cette justice que le rôle de continuateurs, qu'ils avaient accepté, fut rempli par eux avec un talent digne en tout de leur illustre devancier. Il faut y regarder de bien près pour trouver quelque différence de style entre leurs ouvrages et ceux du vieux Calendario, lesquels sont plus anciens pourtant de près d'un siècle.

Mais le plus grand éloge qu'on puisse faire de Giovanni et Bartolomeo Bon, c'est de dire qu'on leur doit la belle Porte et le Passage de la Carta. La Porte de la Carte a un grand défaut cependant, c'est d'être percée d'une large baie carrée, à plate-bande, qui jure par sa forme anguleuse et sèche non-seulement avec l'architecture de la grande façade ogivale à laquelle elle est contiguë, mais, ce qui est plus grave, avec toute la partie supérieure de sa propre décoration. Je n'aime pas beaucoup non plus le galbe d'un dessin trop cherché, contourné, peu gracieux même, qui surmonte la fenêtre du premier étage; mais j'aime cette fenêtre, qui est charmante. Les meneaux, la petite arcature trilobée, les roses à quatre feuilles sont d'une finesse et d'une élégance rares.

Quant au Passage de la Carte, il en faut faire l'éloge sans restriction aucune. Six travées, couvertes par des voûtes d'arêtes dont les nervures et les formerets sont taillés en spirale; une belle corniche d'un feuillage touffu tout fleuri de jolies têtes d'enfant; pour clefs de voûte, des rosaces finement refouillées, tels sont les traits principaux de ce beau vestibule.

Mais ce que je ne saurais vous faire comprendre, c'est l'effet de cette disposition architecturale si simple, si nettement exprimée, d'un caractère si ferme et si beau que, malgré les différences de style, je ne pus jamais voir ce coin du Palais ducal sans lui trouver des traits de ressemblance avec notre magnifique architecture de la fin du xiie siècle. C'est à se demander comment un ouvrage d'un goût aussi sobre put se faire jour, à cette époque, à travers toutes les fioritures italiennes.

Le Passage de la Carte, qui conduit à l'escalier des Géants, débouche par une belle et large ouverture à plein cintre sur une façade du même style de transition, laquelle, d'un dessin superbe jusqu'à la balustrade d'appui du premier étage, perd un peu de sa beauté dans sa partie supérieure, et notamment à l'endroit des pyramidions de mauvais goût qui se dressent au-dessus des avant-corps ; mais ce sont là des taches qui ne nuisent en rien à l'ensemble, et, pour mon compte, je suis convaincu que ces taches ne sauraient être imputées aux habiles architectes Giovanni et Bartolomeo, mais bien plutôt à quelque successeur obscur et maladroit.

Bien que cette construction appartienne à la seconde moitié du xve siècle, c'est à tort, selon moi, qu'on a voulu la considérer comme appartenant à la Renaissance. Sans doute l'ordonnance générale de cette façade accuse déjà une certaine tendance à l'horizontalité des lignes, mais tous les membres de sa mâle architecture, tous les détails de son ornementation sont empruntés au style des siècles antérieurs à cette époque; je me trompe, il n'y a pas là d'emprunt proprement dit, mais une interprétation intelligente jusqu'à l'originalité des plus belles formes de l'art du moyen âge.

Je n'entrerai pas dans le détail de l'ornementation de cette façade, mais je m'en voudrais de ne pas mentionner deux belles statues d'Adam et Eve qui y figurent, lesquelles sont signées sur leur plinthe du nom d'Antonio Rizzo, sculpteur véronais, et datées de 1471. L'Eve tient la pomme de la main droite et cherche de la gauche, par un geste pudique plein de grâce, à voiler sa nudité. Cette figure, admirablement modelée, et qui a toute la simplicité, toute l'ingénuité de pose qu'on admire dans les rares exemples de la statuaire du moyen âge, est tout simplement un chef-d'œuvre.

Ah! qu'à côté de tout cela l'escalier des Géants et les Géants même paraissent petits! Je n'oserais pas dire cela à tout le monde, mais si vous saviez comme la renaissance pure, celle de Pietro Lombardo et de Scarpagnino, paraît pâle et maigrelette en regard de l'architecture de Bartolomeo! Le fameux escalier se compose d'une trentaine de degrés de marbre blanc maintenus entre deux rampes à balustres assez sèches de lignes, assez plates de formes, mais qui ont le mérite, si c'en est un, d'être si finement sculptées que l'ornementation peut en être comparée à un travail de bijouterie. Certes, je ne prétends pas nier le talent, et encore moins la patience des artistes qui ont produit ces petites merveilles ; au contraire, je veux rendre toute justice à cette patience et à ce talent, mais à une condition, c'est qu'on voudra bien considérer ces festons et ces broderies comme n'appartenant pas à l'architecture.

Quant aux Géants, vous savez que ce sont deux statues colossales, assez médiocres, de Mars et de Neptune, qu'il faut bien croire de Sansovino, puisqu'elles sont signées du nom de ce grand artiste, mais qui ne valent pas à elles deux une seule des petites figurines de la Logette.

La grande façade contre laquelle est appuyé l'escalier des Géants appartient, comme ce dernier, à la renaissance classique, à celle des médaillons d'empereurs romains, des rinceaux, des trophées, des chutes de fleurs ou de fruits, des nœuds de ruban et des guirlandes. Il est impossible de ne pas admirer la belle exécution de tous ces ornements si délicatement taillés, mais, mon Dieu! pour motiver toutes ces fioritures, que de corniches, que de frises, que d'architraves, que d'impostes, que de bandeaux du sol jusqu'au faîte de l'édifice! Que de petites choses pour tuer la grande ! Qu'on s'étonne de l'énorme dépense de travail qu'a dû coûter tout cela ; qu'on tienne grand compte du talent de tous les ciseleurs qui ont dû pâlir sur ces marbres, ah ! je l'admets bien volontiers ; mais qu'on s'extasie outre mesure devant une architecture aussi compliquée de lignes, aussi cherchée dans ses détails, quand on a sous les yeux les belles et sévères façades internes du vieux palais, cela ne se comprend plus.

Au moment de pénétrer dans l'intérieur du palais, je me hâte de vous déclarer, mon cher confrère, que mon intention n'est pas de vous conduire dans toutes ces salles plus ou moins historiques, où d'ailleurs, en notre qualité d'architecte, nous ne ferions pas beaucoup de trouvailles. Ainsi, rassurez-vous. Au surplus, le grand intérêt de tous ces intérieurs c'est la peinture, et vous seriez en droit de me dire que la peinture ne me regarde pas. Permettez-moi pourtant une exception en faveur de la salle du Grand-Conseil, une des plus vastes et des plus riches qui existent. La longueur de cette salle est de cinquante-deux mètres, sa largeur de vingt-cinq et sa hauteur de quinze. Ce n'est pas que la décoration de cet immense vaisseau ait une grande importance architecturale ;

l'architecte n'a guère eu là qu'à encadrer de son mieux les toiles plus ou moins belles, mais très-nombreuses, qui recouvrent entièrement les parois de cette salle célèbre et la font ressembler à une magnifique galerie de tableaux. L'arrangement du plafond, conçu très-largement, est en lui-même d'un bel effet décoratif; mais le dessin en est, ce me semble, bien tourmenté, bien mal combiné pour faire valoir la peinture. Il est vrai que les magnifiques tableaux qui tapissent cette salle sont signés des noms de Palme le Jeune, de Tintoret et de Paul Véronèse, ce qui fait perdre beaucoup de leur importance aux encadrements et aux bordures.

Un dernier mot et j'ai fini.

Quand vous irez à Venise, mon cher confrère, n'oubliez pas de vous munir, comme je l'avais fait moi-même, d'une bonne lettre de recommandation pour le savant bibliothécaire de Saint-Marc, M. l'abbé Valentinelli, « un homme, a très-bien dit M. Charles Blanc, qui rappelle l'ancien régime par une dignité remplie de grâce et une exquise politesse. » M. Valentinelli, après vous avoir accueilli avec une extrême bienveillance, vous fera avec empressement les honneurs des trésors confiés à sa garde, et vous pourrez contempler à votre aise les plus précieux manuscrits de cette riche collection. Je signale notamment à votre future attention un Évangéliaire grec du IXe siècle ; un Psautier du Xe, enrichi de belles miniatures ; un Missel français du XIIe, et, par-dessus tout, le Bréviaire du cardinal Dominique Grimani, splendidement illustré par Hemling.

XI

A M. Alphonse Durand, architecte.

Venise. — Les *Plombs*. — Les *Puits*. — Le pont de Rialto. — Le Pont des Soupirs. — Le Grand Canal. — Les Palais. — Murano. Saint-Donat. — Torcello. Le Dôme. — Sainte-Fosca.

Venise a été tant de fois et si bien célébrée par les peintres et les poëtes de tous les temps et de tous les pays, qu'un simple architecte est bien embarrassé, ma foi! pour traiter avec tout le respect auquel on les a habitués,

> Et les palais antiques,
> Et les graves portiques,
> Et les blancs escaliers
> Des chevaliers.....

vénitiens, cela s'entend. S'il lui arrive parfois d'oublier ce respect traditionnel et de froisser ainsi, bien malgré lui, certaines idées reçues, aussitôt un correspondant plein d'illusions.... et de jeunesse sans doute, lui adresse par la poste une protestation écrite de bonne encre contre le crime qu'il a commis, ce prosaïque architecte, en tentant de détruire le prestige dont le nom de Venise est entouré, « en niant obstinément la poésie dont cette cité romanesque est le dernier asile. »

J'en demande bien pardon à mon jeune correspondant,—car je persiste à le croire très-jeune;—mais il me prête là des intentions qui ne sont pas les miennes. D'abord je n'ai jamais cherché à détruire le prestige dont jouit la ville des doges; je me suis contenté de l'en débarrasser un instant pour la mieux voir et la mieux juger, ce qui m'était bien permis. Ensuite je n'ai pas nié la poésie vénitienne ou autre, et j'ai bien fait, car la poésie ne dépend ni d'une négation, ni d'une affirmation, mais du sentiment ou du tempérament de chacun; elle est en nous, non en dehors de nous : d'où je conclus qu'en considérant Venise comme le dernier asile de la poésie aux abois, mon correspondant s'exagère singulièrement l'état des choses. Qu'il se rassure : la poésie, qui n'existe en réalité nulle part sur cette terre, est, grâce à notre imagination, partout en ce monde, et elle y vivra aussi longtemps que l'homme.

Mais l'indignation de mon correspondant inconnu est au fond trop bienveillante à mon endroit, pour que j'hésite à le considérer comme un ami. A ce titre donc, et dans l'espoir que cette onzième et prosaïque épître parviendra encore jusqu'à lui, je veux dire ici toute la vérité, dont il ne connaît encore, hélas! qu'une faible partie.

Vous savez que, pour le plus grand nombre des touristes et pour la totalité des commis-voyageurs, Notre-Dame de Paris n'est remarquable que par son *bourdon;* l'hôtel des Invalides, par sa fameuse *marmite;* la cathédrale d'Amiens, par une médiocre statue de style Pompadour, l'*Ange qui pleure;* celle de Sens, par un petit grotesque baptisé, je ne sais pourquoi, du nom de *Jean Ducogneau;* celle de Chartres, par sa *Vierge noire*, etc., etc., car il faut abréger la liste de ces curiosités si peu curieuses; elle serait trop longue à faire.

Venise n'a pas échappé à cette célébrité de table d'hôte, la plus niaise des célébrités. Que de gens n'ont réellement vu à Venise que le pont de Rialto, la place, jadis occupée par la célèbre *gueule de lion*, de l'antichambre du Conseil des Dix, les *Plombs* et les *Puits* du Palais ducal, et surtout le pont des Soupirs! Que de gens même ne vont voir ces choses-là que pour pouvoir dire ensuite qu'ils les ont vues! Or tout cela n'est rien ou bien peu de chose.

Le pont de Rialto, jeté sur le Grand Canal par l'architecte da Ponte, dans les dernières années du XVIe siècle, n'a d'extraordinaire que les deux douzaines de boutiques dont il est orné. Je me trompe, il présente cet intérêt non moins saisissant, qu'on sait exactement le nombre des pieux dont se compose le pilotage de sa fondation : ces pieux sont au nombre de douze mille !

Les *Puits* du Palais ducal, ces prétendus cachots sous-marins qui passent pour être creusés à des profondeurs incalculables au-dessous du niveau des eaux de la lagune, ne sont que de prosaïques cellules établies au rez-de-chaussée du côté du canal de la Paille. Jugez de la cruelle déception qui m'attendait là ! Je comptais sur de noirs caveaux pourris d'humidité, aux murs tapissés de mousse et de champignons, aux voûtes suintantes, affreusement ornées de stalactites, et je ne trouvai que de vulgaires prisons comme il en existait partout, même en France, il n'y a pas cent ans, sauf qu'elles n'avaient pas toutes, hélas ! comme les Puits de Venise, leurs parois intérieures lambrissées de bois. Assurément les cachots du Palais ducal n'ont rien de particulièrement gai, et je doute fort qu'on y respire un air très-salubre, mais n'ont-ils pas cela de commun avec tous les instruments de la justice barbare des siècles qui ont précédé le nôtre ? Pour s'étonner outre mesure de ces abominations, il faut n'avoir pas vu telle ou telle de nos oubliettes, et, notamment, l'*in-pace* de l'officialité de Sens, véritable prison souterraine, celle-là, dans laquelle on ne pénètre que par une trappe, et qui ne peut être comparée, pour sa structure et sa situation, qu'à une ignoble fosse d'aisances.

Quant aux *Plombs*, vous savez que c'est tout simplement un quatrième étage divisé, comme les combles de nos maisons, en chambres plus ou moins lambrissées, lesquelles sont éclairées par des lucarnes. Que Silvio Pellico ait souffert de la chaleur dans ces mansardes, je le crois bien, car l'air qu'il y respirait devait être pour lui d'autant plus étouffant qu'il était celui d'une prison ; mais que le séjour de ces Plombs soit aussi meurtrier qu'on a bien voulu le dire, c'est ce dont il est permis de douter. Dans tous les cas, les ouvriers, les domestiques qui vivent sous les *ardoises* de Paris, dans des cabinets de six pieds carrés, me paraissent tout aussi à plaindre que les prisonniers qui habitaient les grandes chambres des combles du Palais ducal. Ce n'est donc pas la peine d'aller si loin faire du sentiment. Au surplus, cette curiosité pénitentiaire appartient aujourd'hui à l'histoire : les Plombs de Venise ne sont plus une prison.

Un arc surbaissé, un petit ordre dorique à bossages, un fronton circulaire surchargé de quelques enroulements, tel est le pont des Soupirs. Ce n'est à proprement parler qu'un passage de dix mètres de longueur conduisant à couvert du Palais ducal à la prison, et, au surplus, un ouvrage fort ordinaire de l'architecte da Ponte. Certes les vers de Byron ont plus fait pour l'illustration du pont des Soupirs que le talent de l'architecte qui l'a construit.

J'allais oublier une des choses les plus vantées des environs de Venise, le Lido. Pour ceux qui ont lu les *Mémoires* de Casanova, les *Lettres d'un voyageur* de Georges Sand, et surtout le *Jean Sbogar* de Nodier, le Lido, quand on ne le connaît pas, est un lieu de délices. Je me trompe : les Vénitiens, qui connaissent bien cette longue et étroite langue de terre, y vont encore passer des nuits de bombances et de plaisirs. La veille de mon arrivée à Venise, une de ces bacchanales nocturnes avait eu lieu, et, à quelques jours de là, une famille vénitienne qui m'en vantait avec enthousiasme les agréments sans nombre me décida à aller au plus tôt visiter cette île enchantée, théâtre de si joyeux ébats. Hélas, mon ami, quelle amère désillusion m'attendait là ! En débarquant sur cette plage nue, produite, vous le savez, par des atterrissements, on se trouve en face d'une douzaine d'affreux cabarets auprès desquels ceux de notre barrière de la Cunette, si laids pourtant avec leurs acacias-boules et leurs barreaux verts, paraîtraient riants, élégants, pittoresques. Un chemin qui coupe en deux ce groupe de misérables guinguettes vous conduit, à travers des cultures de maïs, dans une espèce de lande sablonneuse, stérile, déserte, qui s'étend à droite et à gauche à plusieurs lieues. C'est la que Byron avait ses écuries et qu'il allait chevaucher... après le soleil couché, sans doute, car ce désert est sans verdure et sans ombre. Ah! qu'en songeant à nos environs de Paris, je les trouvai ce jour-là hospitaliers, agréables, charmants!

Et pourtant ce petit voyage outre-lagune a un côté superbe et qui vous excite bien à le recommencer : c'est le retour. Dès qu'on a tourné les talons à cet ingrat rivage et que la gondole a mis le cap sur Venise, on oublie son rôle de mystifié pour se donner entièrement au spectacle admirable qu'on a devant soi. Mais c'est ici surtout, mon cher ami, que je sens mon insuffisance et que j'ai besoin d'être aidé de votre imagination. Il faut donc que vous vous figuriez d'abord la fin d'un beau jour d'août; le soleil à son déclin qui va disparaître derrière les Alpes; puis *Venise la rouge,* comme l'appelle Alfred de Musset, émergeant de la mer et flottant, pour ainsi dire, à la surface des eaux; Venise avec sa longue ligne de palais et de maisons déjà teintés d'ombre, tandis que ses dômes, ses campaniles, ses clochetons, les crêtes et les statues de ses corniches se découpent, mi-partie en vigueur et en lumière sur un ciel embrasé. Les rayons lumineux accusent encore par des demi-teintes les plans inclinés des toits; ils redessinent certains contours par un trait de feu; ils modèlent en les faisant tourner, comme nous disons, les coupoles, et baignent dans une pénombre transparente et dorée toutes ces ombres et toutes ces lumières. Ajoutez à cela que la lagune, unie comme un miroir, réfléchit de son mieux ce tableau sp'endide, et que la Venise renversée apparaît presque aussi belle que l'autre, même quand les frémissements de l'onde à sa surface n'en montrent plus que la tremblante image.

Pour moi qui ne connais ni Naples, ni Constantinople, ce spectacle de Venise au soleil couchant est le plus délicieux souvenir que j'aie conservé de mes petits voyages.

Au surplus, mon cher ami, Venise est toujours belle à voir avec du soleil. Il n'existe peut-être pas une autre ville qui soit à ce point pittoresque. Les villes d'Orient, telles que nous les ont fait connaître Decamps et Marilhat, sont trop blanches; ces cubes troués à peine de quelques rares ouvertures, qui sont les maisons de ces pays-là, semblent taillés tous dans un même bloc de craie, au ton criard et aveuglant. La monotonie n'en serait certainement pas supportable si l'homme et le hasard n'y mêlaient fort à propos quelques brins de végétation. Venise au contraire, si bien située, si heureusement colorée, si coquettement parée par les arts de la civilisation, si riche enfin par elle-même, a cet avantage qu'elle peut se passer des arbres et des fleurs. Elle semble même arrangée tout exprès pour les peintres, et il s'en faut de peu, ma foi! qu'elle ne soit en grand une collection de tableaux tout faits.

Seulement, mon cher ami, pour qu'un architecte admire sans réserves les édifices de l'architecture domestique à Venise, il faut qu'il ne les regarde qu'en clignant les yeux, qu'il se tienne à distance et que la perspective leur prête ses petites séductions. Si, au contraire, cet architecte s'approche des choses et s'il les examine non plus en amateur, mais en homme du métier, adieu l'admiration, adieu l'enthousiasme !

A part les palais, qui ne sont pas encore en cause, et les églises qui n'y sont plus, Venise est bâtie de la façon la plus misérable. Ses maisons, si charmantes en peinture, sont, comme architecture, les productions les plus insignifiantes. Des murs en brique grossièrement crépis de mortier; des fenêtres coupées comme dans un quartier de fromage, c'est-à-dire sans aucune recherche de la forme, sans la moindre intention de décoration; de lourds conduits de fumée en saillie sur les façades, même du côté des ruelles, déjà si étroites et si sombres; telles sont en quelques mots ces tristes habitations, dont l'aménagement intérieur, primitif jusqu'à la barbarie, ne saurait malheureusement compenser la pauvre apparence.

Quant aux palais, c'est bien différent ; l'art s'y montre partout avec une complaisance qui accuse d'autant plus la nudité, la misère des habitations bourgeoises. En voyant l'espèce de démarcation qui existe à Venise entre les palais et les maisons, on pourrait croire que le luxe architectural était dans la sérénissime république un des priviléges de la noblesse. Toutefois, il ne faudrait pas que l'ambitieuse appellation de ces demeures aristocratiques pût vous tromper sur leur importance matérielle : ces palais ne sont en rien comparables aux édifices qu'en France nous décorons du même nom ; ce sont, à proprement parler, des hôtels sans cours, ni jardins, ni dépendances, dont la façade principale, généralement tournée vers un canal, excède rarement vingt ou vingt-cinq mètres de longueur.

Les plus célèbres et aussi les plus beaux de ces *palazzi* sont élevés sur les rives du Grand Canal. On en compte là plus de cent cinquante, et il faut avouer que ce canal, large de cinquante mètres environ et long de trois ou quatre kilomètres, est certainement la plus magnifique voie publique du monde.

Le premier sentiment qu'inspire la vue de cette

merveilleuse avenue de palais, c'est, il est presque superflu de le dire, la plus vive admiration. Un aussi grand ensemble de beaux édifices, tous plusieurs fois séculaires, tous, ou à peu d'exceptions près, du même style et de la même couleur, c'est là en effet pour un artiste une bonne fortune qui se rencontre rarement. Mais bientôt à l'admiration se mêle un sentiment d'indicible tristesse : ce grand canal sans quais, et par conséquent sans commerce, sans promeneurs, sans bruit aucun; ces milliers de fenêtres où personne ne vient s'accouder, car le spectacle du dehors n'a rien d'attrayant, car les rares passants sont cachés dans leurs gondoles, car l'eau du canal ne coule même pas; ce silence de mort, enfin, que trouble seulement le bruit des rames; tout cela peut être très-beau et très-solennel, mais tout cela n'est pas gai. Il semble que l'on voyage en rêve dans quelque cité du passé, dans quelque Pompeïa du moyen âge débarrassée de ses cendres, ou encore qu'on n'a devant les yeux qu'une ville en peinture, une vieille et splendide décoration de théâtre restée debout après le spectacle.

La forme architectonique qui domine dans cette riche collection de palais, c'est l'ogive. On ne trouverait nulle part ailleurs un aussi grand nombre de constructions ogivales réunies sur un même point.

On a dit que l'Italie s'était toujours montrée rebelle à l'architecture du nord de l'Europe, et cela est très-vrai, mais non pour Venise, qui est certainement, à sa façon, la ville la plus gothique qui existe.

Après avoir fait la part du pittoresque il faut faire celle de l'analyse. J'ai dit dans une de mes lettres que l'imagination n'était pas le côté brillant des architectes vénitiens : l'architecture du Grand Canal en est une nouvelle preuve. Sans parler de l'Entrepôt des Turcs, qui est un bâtiment néo-grec, et exception faite des palais Farsetti et Lorédan, qui datent des xii⁰ et xiii⁰ siècles, tous ceux de ces édifices qui ont précédé la Renaissance, c'est-à-dire neuf d'entre eux sur dix, paraissent être sortis du même moule. On dira, et je le sais bien, que la variété dans l'expression est très-difficile en architecture quand il s'agit d'édifices dont la donnée première est toujours la même, et que l'homme, avec toutes les exigences de sa vie et de ses habitudes, est un grand obstacle à la libre conception des œuvres de cette nature : d'accord ; mais comme ces difficultés sont, dans tous les temps et dans tous les pays, inhérentes au sujet, cela n'empêche pas de conclure que, toutes choses égales, la plupart des palais vénitiens accusent chez les architectes qui les ont élevés, ou une forte tendance à l'imitation, ou l'absence de certaines facultés créatrices.

L'ordonnance des palais de Venise est partout la même. En plan, l'édifice est divisé, perpendiculairement à la façade, par deux murs de refend, et présente ainsi trois parties à peu près égales : celle du milieu occupée au rez-de-chaussée par le vestibule, et aux autres étages par des salons dont l'usage est commun à tous les occupants; celles latérales consacrées aux appartements et dépendances plus particulièrement affectés à la vie intime. Ces trois divisions, très-nettement indiquées à l'extérieur, partagent la façade en trois tranches verticales qui ont le grand mérite d'exprimer exactement la disposition intérieure du palais. Ainsi les salons de chaque étage sont éclairés dans toute leur largeur par une *finestrata* très-ajourée, ce qui est bien compris, car ces pièces ayant toute la profondeur du bâtiment ont grand besoin de lumière, tandis que les chambres à coucher, plus petites et qui exigent plus de mystère, ne sont éclairées que par des fenêtres de dimensions ordinaires. Ces *finestrate* ou claires-voies, en avant desquelles se projettent un balcon et une balustrade de marbre, se composent généralement d'une arcature ogivale trilobée, entre les sommités aiguës de laquelle sont ajustées des roses à quatre feuilles. Quelquefois, comme au palais *de' Cavalli*, la forme ogivale naît d'une succession d'arcs à plein-cintre entre-croisés; toujours aux xive et xve siècles, les arcs de l'ogive s'infléchissent légèrement en sens contraire avant de se joindre pour se terminer en accolade. Mais tout cela est trop connu pour prêter longtemps à la description. Ce que je voudrais établir, c'est que la décoration de ces palais, et notamment celle de leurs fenestrages, n'est jamais qu'une reproduction plus ou moins fidèle de la *loggia* du Palais ducal, et que, par conséquent, les architectes vénitiens vécurent pendant plus d'un siècle sur l'architecture du vieux Calendario.

L'un des plus remarquables des palais de l'époque ogivale, la *Ca' d'oro*, se distingue par une richesse d'ornementation tout à fait exceptionnelle. Mais c'est à tort qu'on voudrait faire remonter l'ensemble de cette construction à 1310; le seul portique du rez-de-chaussée appartient à cette époque. Quant aux *loggie* des étages supérieurs, il est bien facile de reconnaître à la finesse et au caractère de leur architecture qu'elles sont moins âgées d'un demi-siècle au moins. Évidemment aussi les fenêtres du premier étage procèdent de la *Porte de la Carte*, et pour moi je ne vois rien d'impossible à ce que cette partie de la *Ca' d'oro* soit l'œuvre de Bartolomeo Buono. Ce beau palais appartient aujourd'hui à madame Taglioni.

J'en dirai autant du palais Sagredo, auquel on assigne en bloc la date du XIIIe siècle, tandis qu'il ne reste de cette époque que l'étage inférieur, lequel d'ailleurs a subi dans les siècles suivants des modifications bien faciles à reconnaître. Quant au deuxième étage, il est évidemment du XIVe siècle.

Parmi les autres édifices du même style, je me souviens surtout des palais *Barbaro, à S. Vitale,* qui date du XIVe siècle, mais que des restaurations successives et la surélévation d'un étage ont un peu altéré; Guistiniani, qui est double et orné de marbres orientaux; Contarini-Fasan, l'un des plus petits, puisque sur sa façade on n'a trouvé place que pour deux fenêtres, mais l'un des plus élégants et des plus harmonieux de la collection.

Malheureusement la plupart de ces palais du XIVe siècle sont déparés par leur soubassement, qui est toujours outrageusement percé de portes et de fenêtres n'ayant aucun rapport d'ordonnance ni de style avec les étages supérieurs. On ne s'explique pas tout d'abord ces fâcheuses disparates, et, pour mon compte, j'en cherchai longtemps la cause avant de la trouver. Le mot de l'énigme, c'est que l'usage de la gondole ne remonte qu'au XVe siècle, et qu'antérieurement à cette époque, les nobles vénitiens ne se servant que de chevaux et de mules, l'entrée de leur palais ne pouvait être du côté du canal. Donc les remaniements qui nous choquent aujourd'hui, ces portes d'eau et toutes ces fenêtres qui se raccordent si mal avec l'ensemble de l'édifice, sont autant de petits méfaits commis du xve au xvie siècle.

Sur le grand canal, comme partout à Venise, les palais du xve siècle sont moins beaux que ceux du xive, mais l'ordonnance en est toujours la même. Les plus intéressants d'entre eux sont les palais Cavalli et Pisani, dont l'architecture est presque exactement celle de la loggia du Palais ducal; ils sont tous deux fort riches. Le palais Foscari, si admirablement situé au premier détour du Grand Canal, et auquel se rattachent d'ailleurs des souvenir historiques, a été trop vanté. Sa physionomie est sèche et froide. Il est vrai qu'il porte la trace de restaurations récentes, et vous savez comment, dans ces derniers temps, on restaurait les édifices. Un détail charmant qui, Dieu merci ! est resté intact, c'est une belle frise d'enfants tenant des écussons, qui surmonte le fenestrage du deuxième étage.

Vers le milieu du xve siècle apparaît à Venise un nouveau style d'architecture, celui de Pietro Lombardo, l'*architettura lombardesca*, dont j'ai parlé en détail à propos de la *Scuola* de Saint-Marc. Le plus célèbre des édifices de cette période, le palais Vendramin-Calergi, est d'une assez belle ordonnance, mais le charme puissant qui distingue ses voisins de l'époque ogivale lui manque entièrement. Le dessin de la façade est d'une régularité irréprochable, sans doute, mais cette correction tout académique a, je ne sais pourquoi, pour effet de refroidir tout à coup l'enthousiasme. La place des fenestrages si finement découpés, si pittoresques, des palais gothiques, est occupée là par des arcades géminées, à plein cintre, où les évolutions du compas de l'architecte se font, selon moi, trop rigoureusement sentir. Les meneaux des fenêtres rappellent encore un peu le moyen âge, mais, en revanche, les trois ordres superposés, les grandes colonnes cannelées, les corniches multipliées, les frises et les architraves indiquent nettement le retour complet aux traditions de l'art antique. Le palais Vendramin, qui appartient aujourd'hui à madame la duchesse de Berry, est l'œuvre de Pierre Lombard.

Le palais Dario, moins solennel que le précédent, est beaucoup mieux caractérisé. C'est un échantillon très-curieux de cette architecture dont les procédés d'exécution ne peuvent être mieux comparés qu'à ceux de l'ébénisterie ou du plaqué. L'ordonnance de ce palais n'a rien que de fort ordinaire; sa façade est même boiteuse, c'est-à-dire que le côté de gauche est percé à chaque étage de quatre baies à plein-cintre, ayant pour points d'appui intermédiaires de simples colonnes, tandis que le côté de droite n'est percé que d'une fenêtre séparée des quatre autres par un large trumeau. Mais toutes les parties pleines de cette façade sont revêtues de marbres colorés de différents tons, si finement travaillés, si habilement disposés et ajustés, d'un effet si original enfin, qu'on pardonne volontiers à cette merveilleuse mosaïque de n'être que l'apparence d'une architecture, et rien de plus.

Un autre édifice de même style, mais d'un plus bel ensemble, c'est le palais Trevisiano, élevé sur une des rives du Rio di Canonica. Je me souviens d'une belle mosaïque représentant saint Théodore, qui se trouve placée au-dessus de la porte d'entrée, et aussi d'un heurtoir du temps, en bronze, qui est un petit chef-d'œuvre. Le palais Trevisiano jouit aux yeux des étrangers d'une célébrité due au nom de Bianca Capello, qui se mêle à son histoire; mais cette célébrité repose sur une erreur : Bianca Capello n'habita jamais ce palais, elle ne l'acheta que pour le donner à son frère. Ce n'est donc pas de là que la célèbre maîtresse de François de Médicis s'enfuit une certaine nuit avec son amant Bonaventuri, c'est du palais Capello à S. Apollinare, qui d'ailleurs ne vaut pas celui-ci.

Enfin dans la première moitié du xvie siècle, Sansovino vint porter le dernier coup à l'art du moyen âge, dont les édifices de l'architecture *lombardesque* avaient conservé quelques traces. Le beau monument appelé aujourd'hui la Libreria Vecchia devint le type de ceux qui furent élevés à Venise dans ce siècle et le suivant. Sansovino, d'ailleurs, en reproduisant dans les palais Manin et Corner della Ca' Grande les principales dispositions de sa fameuse bibliothèque, donna lui-même l'exemple de ces imitations. Scamozzi s'y laissa entraîner dans la construction du palais Contarini, et plus tard Longhena s'y donna tout entier en élevant les palais Flangini, Pesaro et Rezzonico qui appartiennent déjà, d'ailleurs, à la décadence. Assurément les édifices du grand artiste florentin et de son école jurent fort à côté des charmants modèles de l'époque ogivale; cependant on ne saurait sans injustice méconnaître la belle ordonnance et la grande tournure de quelques-uns d'entre eux.

Il faut maintenant, mon cher ami, que vous m'accompagniez dans une petite excursion aux îles de Murano et de Torcello, situées, la première, aux portes de Venise, la seconde, à une douzaine de kilomètres au nord-est. Nous avons pour nous y conduire une gondole fine et légère, et deux barcarols de choix, parmi lesquels le robuste et jovial Bernardo.

Les Anglais vont à Murano pour visiter les fameuses verreries que vous savez et se donner le luxe de faire confectionner sous leurs yeux, moyennant un zwantzig, une fiole quelconque. Quant à moi, qui avais vu souffler des bouteilles à Sèvres, ce qui est, en proportion, plus merveilleux encore, je négligeai les fioles de Murano et me fis conduire tout droit à la vieille église de Santo-Donato, une relique de la fin du xe siècle ! Saint-Donat est une basilique à peu près romaine par son plan et néo-grecque par les détails de son ornementation, c'est-à-dire un édifice fort intéressant et qui prouve une fois de plus qu'à cette époque l'architecture romane n'était pas encore née dans la Vénétie. Malheureusement cette vieille église est aujourd'hui bien malade ; les grands murs de la nef sont déversés de cinquante ou soixante centimètres, et l'humidité, la terrible humidité, dévore sans opposition aucune ceux des bas-côtés.

Le beau pavement en mosaïque de marbres colorés qui recouvre partout le sol, travail du xiie siècle, est, sauf sur quelques points, dégradé, brisé, défoncé, dans un état déplorable. Autre genre de dégradation : les belles arcades de la nef sont depuis la Renaissance, qui a été la mort de bien des choses, agrémentées d'archivoltes et de modillons dorés.

Leurs colonnes de marbres grecs ont conservé intacts de beaux chapiteaux à feuillages, sans astragale, mais les bases de ces colonnes ont été bûchées pour faciliter l'ajustement d'un socle en menuiserie. La charpente du comble, refaite, je crois, au XVe siècle, a été masquée au XVIe par une voûte à cintre surbaissé, postiche, dont il ne reste aujourd'hui que l'affreuse carcasse. Enfin, mon cher ami, cette église est si près de n'être plus qu'une ruine, que le clergé l'a abandonnée à elle-même, et que personne ne paraît songer à en tenter la restauration. C'est pourtant là un bien rare et bien curieux échantillon de l'art vénitien au Xe siècle ! Mais les Italiens sont ainsi faits : ils donnent volontiers leur argent pour enrichir leurs églises de ridicules fanfreluches, mais ils ne font rien pour les empêcher de tomber. La chaire, en marbre, décorée de simples pilastres cannelés, ouvrage du XIe siècle, n'a guère de remarquable que son ancienneté, mais la grande Vierge en mosaïque sur fond d'or est un superbe travail byzantin du XIIe siècle, aussi remarquable que les plus belles choses en ce genre qu'on admire à Saint-Marc.

La partie la mieux conservée et la plus originale de Saint-Donat, c'est l'abside. Bâtie en briques, sur un plan polygonal, cette abside est décorée extérieurement de deux rangs d'arcades superposées, reposant sur des colonnes couplées, en marbre, qui accusent les angles du polygone. La construction, plus épaisse au rez-de-chaussée, est allégie sur chacun de ses pans d'une niche aujourd'hui vide. A l'étage supérieur, tandis que les arcs et leurs points d'appui sont maintenus dans le même plan vertical qu'au-dessous, le mur s'élève en retraite d'environ soixante-dix centimètres, d'où résulte une étroite galerie, une sorte de loggia, complétée par une balustrade évidée en arcature. J'oubliais de vous dire que les arcs inférieurs sont à plein-cintre, ceux du haut à cintre surhaussé, et aussi que cette intéressante disposition se continue sur les pignons des basses nefs.

Rien de plus amusant à étudier que cette architecture à la fois savante et naïve, simple dans son ordonnance, très-cherchée dans ses détails ; ce mélange curieux de gaucherie et d'adresse exprime bien mieux que des phrases les préoccupations, les tâtonnements des artistes à une époque de transition. L'appareil des matériaux est généralement bien fait; l'ossature de l'édifice est accusée par des briques d'un ton vigoureux, tandis que les remplissages sont faits de briques d'une teinte plus claire; les arcs et leurs voussures sont profilés avec tout le soin que comporte une matière comme la brique, si rebelle à la taille.

La partie en contre-haut des arcs inférieurs est décorée d'une double frise en dents de scie, d'un effet très original : les dents de scie, dessinées nettement par une saillie de quelques centimètres, ont leurs échancrures remplies par un triangle de marbre jadis blanc affleurant le nu, lequel est délicieusement ciselé de fins ornements dans le goût néo-grec. Quelques chapiteaux appartiennent encore à la tradition antique, mais la plupart d'entre eux sont à corbeille cubique, les uns unis, les autres délicatement refouillés de rinceaux byzantins. La corniche de la galerie, avec ses modillons en forme de crochets, est aussi dans sa simplicité et sa finesse un précieux spécimen de la belle sculpture de cette époque. En résumé, cette abside est une œuvre harmonieuse, charmante, que je recommanderai tout particulièrement à votre attention et à votre album, lors de votre départ pour l'Italie.

Torcello, la plus célèbre, la plus anciennement peuplée des îles de la lagune, et qui eut l'honneur d'être convoitée par Attila; Torcello qui eut un gouvernement et des lois à elle, qui fut le siége d'un évêché, et qui, populeuse et riche, fut longtemps un objet d'envie pour les autres îles, ses voisines; Torcello enfin n'est plus qu'un pauvre village, comptant à peine huit ou dix feux. Mais Torcello, c'est la campagne, et la campagne après dix ou douze jours passés à piétiner sur un sol dallé de granit, quand on n'a eu pour récréer ses yeux que des colonnades de porphyre, des statues de bronze et des palais de marbre, si vous saviez comme cela paraît beau ! Par bonheur, mes barcarols ayant fait fausse route, nous avions abordé sur la rive opposée, ce qui me donna l'occasion de traverser de vrais champs, assez incultes, il est vrai, mais clos de haies vives, plantés de quelques arbres fruitiers, et dans lesquels j'eus l'occasion, devenue rare pour moi, de voir une petite vache rousse étendue dans de hautes herbes, et ruminant à l'ombre d'un mûrier.

Torcello a, comme Venise, sa piazza, grand carré de terrain tapissé d'un mauvais gazon et où les chardons et les orties paraissent croître et se multiplier avec un zèle vraiment évangélique. Deux églises, le Dôme et Sainte-Fosca, occupent un des côtés de cette place ; cinq ou six maisons de bien modeste apparence leur tiennent compagnie et sont payées pour cela, sans doute, car si ces quelques masures disparaissaient à leur tour, à quoi bon les églises, et que deviendrait donc le pauvre clergé qui vivote dans ce désert? Je n'avais pas encore aperçu une âme sur cette immense place publique, et je commençais à me demander si Bernardo ne m'avait pas débarqué par mégarde sur les terres de la *Belle-au-bois-dormant*, lorsque le curé de Torcello, qui m'avait aperçu de son presbytère, vint gracieusement à moi, les clefs de ses églises à la main, pour m'offrir ses services, offre que j'acceptai avec empressement, vous pouvez le croire, dans la crainte que j'avais de ne point rencontrer là un second visage humain.

Sainte-Fosca est un curieux édifice byzantin à coupole unique,—je devrais dire absente,—reposant sur une base carrée. Le plan de l'édifice est une croix grecque, peu accentuée, dont l'un des bras, prolongé, forme le chœur. Ce chœur, terminé par une abside cylindrique au dedans, polygonale au dehors, est couvert par une voûte en berceau. Malheureusement la coupole n'existe plus ou n'a peut-être jamais existé. Cependant huit colonnes de marbre supportent le tambour destiné à recevoir cette coupole problématique. La physionomie extérieure de cette petite église est charmante; un portique couvert en appentis la flanque sur trois de ses côtés, mais sans répéter les angles du plan carré de l'édifice, à chacun desquels correspond un pan coupé. Au-dessus de ce portique, les petits bras de la croix grecque s'accusent par des pignons percés d'une grande ouverture demi-circulaire; ils sont dominés par le tambour, d'où devrait s'élever une calotte sphérique et qui est tout simplement couvert en tuiles. Le portique, dont les arcs très-surhaussés sont en encorbellement sur les colonnes qui les supportent, a un cachet byzantin que dépare un peu la sculpture médiocre de ses chapiteaux.

L'abside, dont la forme externe est pentagonale, offre, dans des proportions moindres, le même principe de construction et de décoration que celle de Saint-Donat, de Murano. Quel est le modèle et quelle est la copie? C'est ce que je ne pourrais dire.

Le Dôme de Torcello est à peu près contigü à Sainte-Fosca : le même companile est commun aux deux églises; mais ce dôme est une basilique fondée par l'ancien évêque d'Altino, Mauro ou Maurizio, après la destruction de cette ville par les Lombards. Toutefois l'édifice qui existe encore ne date en réalité que des premières années du XIe siècle, époque à laquelle il fut reconstruit. Son vaisseau, d'une largeur totale de vingt-deux mètres environ, est divisé en trois nefs; la principale, dont les murs se réunissent à leur extrémité pour former un hémicycle, reçoit le jour par d'étroites fenêtres à plein-cintre percées au-dessus des combles latéraux. Les basses nefs, éclairées par des fenêtres de même forme, se terminent chacune par une petite abside également circulaire. Au surplus, l'ensemble de ce plan n'a rien d'extraordinaire; tout l'intérêt du monument est dans les détails.

La porte d'entrée de l'église avec ses pieds-droits et son linteau de marbre, sur lesquels courent des rinceaux et des pampres, est évidemment un reste de l'édifice primitif. Les dix-huit colonnes de la grande nef sont de marbres grecs; leurs chapiteaux à corbeille corinthienne sont admirablement taillés, sauf quelques-uns qui doivent remonter au vii⁹ siècle et dont le galbe est renflé à sa partie inférieure en guise d'astragale. Le *cancello* ou, si vous préférez, la balustrade qui ferme le chœur, et qui a pu inspirer celle de Saint-Marc, est un exemple très-intéressant de ces clôtures d'origine latine. Six colonnes des plus beaux marbres, aux chapiteaux merveilleusement ciselés, supportent une large frise de couronnement; l'entre-colonnement du milieu sert d'entrée au chœur; les autres sont fermés à hauteur d'appui par des dalles de marbre ornées d'animaux symboliques et d'arabesques très-finement ciselés. De l'autel, je ne vous dirai rien, sinon qu'il appartient au xviii⁹ siècle, et cela vous suffira. Mais derrière cet autel, dans l'hémicycle, on est bien agréablement surpris en retrouvant là presque intacte une disposition qui ne subsiste plus, je crois, que dans quelques basiliques de Rome : je veux dire le trône des anciens évêques, la *cathedra*, occupant l'axe et le point le plus élevé d'un corps de gradins circulaire. Ce trône est d'autant plus précieux qu'il remonte évidemment à l'époque de la fondation de l'église. La voûte sphérique de l'abside est revêtue d'une mosaïque du XIIe siècle, représentant une madone presque aussi grande que la Vierge de Murano, mais moins belle.

De là, mon obligeant cicerone me fit descendre dans une chapelle souterraine qui passe pour être un reste du premier édifice, ce qui serait, je crois, assez difficile à prouver, attendu que cette crypte se réduit à quelques pans de murs noirâtres sans aucun caractère.

Avant de partir il nous faut retourner sur nos pas pour saluer d'un regard, au moins, le grand ensemble de mosaïques, ouvrage du XIVe siècle, qui recouvre toute la paroi interne du pignon de la façade principale. Il y a de très-belles parties dans cette mosaïque, mais son état de conservation est loin d'être satisfaisant. Déjà des restaurations importantes en ont altéré le caractère général, et, par malheur, cette œuvre de *réparation* est loin d'être terminée !

Si je ne craignais de prendre des airs de Marius méditant sur les ruines de Carthage, je pourrais, mon cher ami, terminer l'article Torcello par une tirade quelconque sur l'instabilité des choses humaines, tirade qui serait, certes, parfaitement en situation. Mais, d'ailleurs, à quoi bon? Si le besoin se faisait sentir pour vous d'une méditation de cette espèce, vous en trouveriez à choisir dans tous les livres écrits sur Venise.

En me disposant à quitter ce petit coin de terre si plein de silence et de calme et où la vie présente tient si peu de place, je me demandais si, par impossible, remontant à travers les siècles, je n'avais pas fait une excursion rétrospective dans le passé même, dont les curieux débris étaient là devant moi. Mais je fus bientôt ramené au sentiment de la réalité à la vue de mes deux barcarols, qui, plus friands de *vino nostrano* que d'archéologie, s'étaient attablés devant une maisonnette et avaient vidé quelques pots de vin noir, en l'honneur, me dirent-ils, de ma seigneurie ; attention trop flatteuse pour que la seigneurie en question ne s'empressât pas de donner une fois de plus raison à la moralité de la fameuse fable que mes deux renards semblaient bien connaître. Sur ce on se rembarqua, et à six heures du soir nous arrivions sains et saufs au Palazzino Cattaneo.

C'était l'heure du dîner. La journée avait été laborieuse et j'avais rapporté de Torcello, avec mes croquis et mes notes, un véritable appétit de chasseur. Quelle belle occasion pour aller, à l'exemple de

15

M. Théophile Gautier, demander l'hospitalité à Ser-Zuane, le vieux pêcheur de San Pietro, « célèbre pour les repas de poisson comme l'hôtel de Trafalgar, à Greenwich, près de Londres; ou comme la Râpée à Paris. » J'étais las, d'ailleurs, de la cuisine soi-disant française des restaurants italiens, et curieux de vérifier, la fourchette à la main, si vraiment la couleur locale vénitienne s'était réfugiée au fond des casseroles du célèbre Zuane. Je pars donc tout affriandé par l'appétissant menu si bien décrit dans *Italia*, me régalant d'avance, en imagination, de la fameuse soupe aux pidocchi, des huîtres aux fines herbes, des écrevisses de mer, des soles de Chioggia au court-bouillon, des rougets frits, etc., le tout arrosé de piccolit de Conegliano et de vin de Samos. En arrivant à la pointe de Quintavalle, je demande aux échos d'alentour l'*albergo del' buon' pesce,* et l'on me répond que toutes les auberges sont excellentes à San-Pietro; je précise ma question en prononçant le nom de Ser-Zuane, et l'on me conduit à deux pas de là, dans un cabaret de très-maigre apparence, où je suis reçu par une sorte de Quasimodo, fort empressé, qui m'apprend la mort du couple Zuane, dont il est, me dit-il en se rengorgeant, l'élève et le successeur. C'était déjà d'un bien mauvais augure : feu Zuane pouvait avoir emporté avec lui dans la tombe ses secrets culinaires! Et en effet, mon cher ami, tout était parti avec ce diable d'homme : il n'y avait pas une sardine dans toute la maison, et encore moins, hélas! de soles de Chioggia et de vin de Samos! C'était comme au lendemain d'une razzia. Au lieu donc des débauches gastronomiques dont j'avais imprudemment bercé mon estomac aux abois, force me fut de lui faire accepter un véritable dîner de Vendredi saint. J'étais au surplus ce jour-là le seul passant affamé qui eut eu l'idée d'entrer dans ce pauvre établissement. Heureusement je pus partager ma mauvaise fortune avec un grand dindon boiteux, peu causeur mais bon convive, qui eut la générosité de me tenir compagnie depuis la première bouchée jusqu'à la dernière. Toutefois, je l'avoue, la présence de cette aimable volaille ne suffit pas pour me consoler de la mort, pour moi prématurée, du regrettable Zuane.

M. Gautier me pardonnera si, dans l'intérêt des voyageurs, j'ai cru devoir signaler un écueil là où son charmant livre indique un port sûr et hospitalier; j'épargnerai peut-être ainsi à quelques-uns de ses nombreux lecteurs une déception pareille à celle dont j'ai été victime.

XII

A M. Monge, architecte.

Padoue. Saint-Antoine. La statue de Gattamelata. Sainte-Justine. La Madone dell'Arena et les fresques de Giotto. Le café Pedrocchi. Le palais della Ragione. La maison de Pétrarque.— Vérone. L'amphithéâtre. La porte Borsari. La piazza dell'Erbe. Les tombeaux des Scaliger.—Les palais —Les églises.—Saint-Zénon, Sainte-Anastasie, San Fermo. L'ancienne cathédrale.

M'étant rendu directement de Milan à Venise, il me restait à voir au retour Padoue, Vérone et Brescia. Padoue, avec ses rues bordées d'arcades basses et sombres, a un aspect sévère, triste même, qui contraste singulièrement avec la riante physionomie de Venise. Mais, quoi qu'on en ait pu dire, il n'y a pas grand mal à cela. A mon avis, les anciens Padouans firent sagement en ne cherchant point à modeler les édifices de leur cité sur ceux de sa brillante voisine. L'architecture de Venise, d'ailleurs, devait rester exceptionnelle comme la situation géographique de cette ville.

Le monument le plus vanté de Padoue, c'est l'église Saint-Antoine, bâtie au xiiie siècle par Nicolas de Pise. Le plan de cette église est en forme de croix latine, et elle est couverte par sept coupoles : celle centrale conique et les six autres hémisphériques. Deux campaniles, élégants et fins comme des minarets, s'élèvent sur chaque flanc à l'extrémité du chœur. La forme en plan de ces campaniles est octogonale, et ils sont ouverts sur chaque pan de quatre étages de baies à plein-cintre qui, en les perçant à jour, ajoutent à leur légèreté. Les coupoles sont du xv⁰ siècle, mais les tambours qui les supportent datent évidemment du xiii⁰ ; d'où l'on peut facilement conclure que ce système de couverture est celui du plan primitif. La courbe de ces coupoles est exactement celle d'une demi-sphère, ce qui est aussi classique que possible; cependant, comparées à celles de Saint-Marc de Venise, dont le galbe extérieur, surhaussé se termine en pointe d'une façon plus mauresque que byzantine, les coupoles de Saint-Antoine paraissent aplaties, nues et froides.

Je vous ai dit que ce monument est l'œuvre de Nicolas de Pise; cela pourtant n'est prouvé par aucun document authentique. Mais ce qui établit ce fait d'une façon indubitable, c'est l'architecture même de Saint-Antoine. J'ai retrouvé là les mêmes tâtonnements de l'artiste, la même inexpérience de l'art ogival que j'avais observés aux églises de Saints-Jean-et-Paul et des Frari, à Venise. Une certaine ampleur de conception séduit d'abord lorsqu'on pénètre dans l'édifice, mais cette première impression ne résiste pas, je dois le dire, à la plus simple analyse. Il faudrait ne pas connaître les belles formes de l'architecture française du moyen âge pour en admirer ces pâles et insignifiantes copies. Quant aux détails, très-rares d'ailleurs, de cette architecture, ils sont sans valeur aucune. J'en excepte pourtant les campaniles qui sont charmants, c'est le mot, et la partie supérieure de l'abside, laquelle est percée d'une suite de baies jumelées, à plein-cintre, dont les pieds-droits, alternés par de fines colonnettes, sont d'une belle couleur, due au mélange du marbre et de la brique. Mais quelle pauvre façade! une petite porte centrale à plein-cintre, qu'écrasent à droite et à gauche quatre grandes arcades ogivales aveugles, aux voussures de briques anguleuses et sèches, dont les arcs n'ont été jetés, cela est évident, que pour relier entre eux les contre-forts et les dissimuler. Au-dessus et dans toute la largeur de l'édifice règne une galerie assez monotone que couronne un pignon maladroitement percé d'un œil-de-bœuf et de deux fenêtres. Telle est cette façade. Mais l'église Saint-Antoine a un mérite, c'est la vastitude de son vaisseau, et vous savez que pour beaucoup de gens ce mérite-là peut tenir lieu de tous les autres. Pour moi, j'avoue que les grandes proportions d'un édifice me touchent peu si elles ne sont avant tout bien choisies, savamment étudiées, vraiment belles. Mieux vaut cent fois, par exemple, un bijou comme notre Sainte-Chapelle que le colossal Dôme de Milan.

A l'intérieur, les deux bras du transsept ont été richement ornés par la renaissance. Celui de gauche, la *chapelle du saint*, contient le tombeau du très-vénéré patron de l'église. Les parois en sont décorées de très-beaux bas-reliefs sculptés dans le carrare, lesquels rappellent quelques-uns des miracles attribués à saint Antoine. L'un de ces bas-reliefs, dont le sujet est la résurrection d'un jeune garçon, m'a paru tout à fait remarquable. Le même miracle, opéré sur une jeune fille, a très-bien inspiré Sansovino, dont le talent s'est montré là dans toute sa grâce. Je me souviens d'un autre de ces beaux ouvrages, signé du nom de Jérôme Campagna, mais sans pouvoir m'en rappeler le sujet. L'ensemble de cette chapelle, où l'or, l'argent, le bronze et le marbre, semblent chacun vouloir se disputer le premier rôle, est d'un luxe étourdissant, et, ce qui vaut mieux, d'une harmonie parfaite.

La chapelle Saint-Félix, qui occupe le transsept de droite, est célèbre par ses fresques du XIVe siècle, signées des noms d'Aldighiero da Zevio et de Jacopo d'Avanzo. Ce sont de fort intéressants exemples de la peinture italienne à cette époque, mais que des restaurations exécutées au xviiie siècle ont gâtés en beaucoup d'endroits, ce qui ne serait encore que demi-mal si les parties non restaurées n'étaient elles-mêmes fort malades. C'est au milieu de cette chapelle que se trouve l'autel de forme si originale publié par M. Gailhabaud dans son bel ouvrage *l'Architecture du ve au xvie siècle*. Cet autel est élevé de trois ou quatre pieds au-dessus du sol; le prêtre y arrive par un escalier de sept degrés dont les extrémités sont limitées par une balustrade rampante prolongée de niveau sur le palier jusqu'à la table de l'autel. Le retable se compose de quatre statues d'Apôtres et d'une cinquième au centre, celle de la Vierge, qui domine les autres et fait ainsi pyramider ce groupe de personnages. Cet édifice, dont le style est celui du xve siècle, n'est pas seulement curieux, il est très-élégant.

Au surplus, l'église Saint-Antoine contient un assez grand nombre d'autres ouvrages accessoires, et notamment des monuments funéraires, parmi lesquels on en pourrait citer de très-remarquables. Le chœur est très-riche aussi en ce genre : les statues de sa balustrade sont de Tiziano Aspetti; les bas-reliefs du devant de l'autel et le grand crucifix portent le nom de Donatello; le grand candélabre en bronze destiné au cierge pascal est un magnifique travail d'André Riccio. Malheureusement le rococo, ce trouble-fête, vient se mêler là à toutes ces belles choses.

En sortant de l'église on trouve, sur le parvis même, la statue équestre, en bronze, du célèbre condottiere Gattamelata, postée là fièrement comme celle du *commandeur*, et qui semble être une sentinelle chargée de la garde du vieux temple. Le nom de Donatello est gravé sur le socle en marbre de cette statue, la première qui ait été fondue en bronze depuis les temps antiques, et peut-être aussi la plus belle.

On regrette presque de s'être plaint de la froideur de style de l'église Saint-Antoine lorsqu'on pénètre dans celle de Sainte-Justine, dont l'aspect intérieur est, dans toute la force du mot, glacial. Un grand ordre de pilastres ioniques, des entablements dont la hauteur n'en finit plus, des corniches aux saillies impossibles, des chapiteaux dont le tailloir est évidé, en plan, d'un quart de cercle sur chaque face, et dont les angles aigus s'avancent comme des cornes ; telle est la décoration de cet immense vaisseau que couvrent sept ou huit calottes sphériques. On ne peut nier sans doute que cela n'ait une certaine ampleur de proportions, mais comme le grand n'est pas nécessairement l'équivalent du beau, cela ne suffit pas. Ajoutez à cela que les parties lisses sont barbouillées

de badigeon, que les chapiteaux sont peints en gris
et que les arcs doubleaux et les coupoles sont jaunes.

La cathédrale, le *Dôme*, vaut moins encore. Il est
vrai que l'architecture en est attribuée à Michel-Ange,
qui ne fut jamais, quoi qu'on en puisse dire, un
grand architecte. La partie la plus intéressante de
cet édifice, le baptistère, est une assez belle rotonde
du XIVe siècle, laquelle est ornée de peintures très-
restaurées, hélas! de l'école de Giotto.

Le nom du grand peintre florentin m'amène tout naturellement à vous parler de la Madonna dell' Arena,
pauvre petite église cachée au fond d'un jardin, derrière les mûriers et les vignes. Cette église n'est pas
bien recommandable par elle-même; cependant,
grâce au génie de Giotto, elle est devenue un des plus
précieux édifices de l'Italie : l'élève de Cimabue a
illustré les murailles et la voûte de ce petit temple
d'admirables peintures dont je ne vous parlerai pas
ici en détail, car M. Charles Blanc en a donné une
excellente description, dans son intéressant petit livre
ayant pour titre : *De Paris à Venise.*

Une des curiosités de Padoue, le Café Pedrocchi,
mérite d'être mentionnée en passant. C'est un véritable palais, plus grec que padouan sans doute, mais,
au demeurant, très-bien aménagé, très-confortable.
Il serait impossible, je crois, de réaliser un pastiche

plus exact de l'architecture grecque, même pour es détails qui sont vraiment très-bien copiés. Stuart et Revett, les maîtres en ce genre, n'eussent pas mieux réussi ; c'est comme une planche en grand, en très-grand, de leur bel ouvrage sur les antiquités d'Athènes. Quoique vaste, le café Pedrocchi n'est pas *le plus grand café du monde*, et je lui en fais bien mon compliment, mais il en est certainement le plus monumental ; cela vaut mieux.

Je regrette de ne pouvoir vous parler du palais della Ragione et de son immense salle de cent mètres de long sur trente-trois de large, mais lorsque je me présentai pour le visiter, il me fut impossible de m'en faire ouvrir la porte. En m'assurant que cette salle contenait un très-grand nombre de peintures de Giotto et le tombeau de Tite-Live, mon guide m'avait d'abord fait regretter d'avoir si mal pris mon temps, mais il paraît que peintures et tombeau, tout est apocryphe, ce qui me console un peu d'avoir trouvé cette porte fermée.

Je n'ai pas vu non plus la maison où mourut Pétrarque, et qui subsiste encore à Arqua, village situé à quatre lieues de Padoue. Il eût fallu pour cela dépenser toute une journée, et le temps m'était alors devenu trop précieux pour que je pusse me permettre impunément d'en sacrifier une si grosse somme à une ruine qui, en définitive, n'a d'intéressant que les souvenirs qu'il faut en évoquer. J'en demande pardon au siége et à l'encrier de l'immortel amant de Laure, et aussi à sa chatte blanche, si bien empaillée, dit-on; reliques d'autant plus précieuses qu'elles possèdent, comme la fameuse canne de Voltaire, un certain don d'ubiquité dont l'exploitation est très-profitable.

Au surplus, j'étais trop impatient de voir Vérone pour me laisser détourner de ma route par quoi que ce fût. En venant de Milan, j'avais aperçu cette ville de la station du chemin de fer, et, vue de là, elle se compose d'une façon si pittoresque, elle est si riante, si pleine de promesses pour le voyageur curieux, qu'au retour et dans mon empressement je brûlai l'étape de Vicence, comme je l'avais fait en allant pour être plutôt rendu à Venise. Précipitation déraisonnable, dont les regrets qu'elle m'a causés m'ont bien puni.

Heureusement je ne fus pas trompé par les apparences. Vérone, traversé par un beau fleuve, l'Adige, avec ses places magnifiques, ses rues longues et larges et ses maisons à terrasses et à balcons; avec ses vieilles murailles flanquées de tours, ses fortifications bâties par San Micheli, son vieux pont à parapets crénelés, son amphithéâtre et ses arcs romains

Vérone, dis-je, est, après Venise, le plus agréable souvenir qu'on puisse conserver des cités de la haute Italie.

Ma première visite fut pour l'amphithéâtre. Je voulus avant tout contempler un de ces monuments dont les grandes proportions, bien plus encore que la beauté, caractérisent le génie des Romains. Je fus, je dois le dire, servi à souhait. L'amphithéâtre de Vérone, plus grand que celui d'Arles, est aussi mieux conservé. Son grand axe est de cent cinquante-six mètres, et le petit de cent vingt-cinq. Les quarante-quatre rangs de gradins où peuvent s'asseoir vingt-cinq mille personnes, sont encore au complet; ce qui ne l'est plus, c'est l'arène; la barrière en fer qui dut la circonscrire en mettant les spectateurs du podium à l'abri des lions et des panthères, n'existe plus, mais on retrouve au centre de cette arène la fosse circulaire destinée jadis à fixer et à maintenir debout le mât du vélarium; seulement cette fosse est devenue une citerne. En parcourant quelques-unes des galeries voûtées, ménagées dans la masse de la construction, j'admirais la belle disposition des parties de ce grand ensemble, ces dégagements si bien calculés, ces soixante-quatre vomitoires par lesquels une foule prodigieuse pouvait s'écouler à l'aise en quelques minutes; et je comparais cela par la pensée à nos théâtres modernes, où tout semble fait, au contraire, en vue de s'opposer à la sortie d'un nombre de spectateurs vingt fois moindre. Singulière anomalie ! On s'engoue des monuments de l'antiquité jusqu'à en reproduire servilement les formes apparentes, les détails, les accessoires, et l'on néglige d'approfondir ce qui en fait surtout le mérite, je veux dire l'esprit judicieux qui a présidé à la construction de ces monuments. On s'attache aux effets, tandis qu'il faudrait remonter aux causes mêmes dont l'étude serait la source d'enseignements bien autrement sérieux et utiles.

A l'extérieur de l'amphithéâtre, on compte soixante-douze portes doriques à plein-cintre, lesquelles sont surmontées de deux autres étages d'arcades du même ordre. Quelques-unes des portes restées intactes sont encore numérotées de LXIV à LXVII. Quant à l'attique de couronnement où devaient s'attacher les cordages du vélarium, le temps l'a presque entièrement détruit. En somme, l'architecture de cette façade externe est d'un beau caractère et d'une assez grande tournure.

Les deux autres édifices antiques les mieux conservés, sont la porte Borsari, qui date des Antonins, et l'Arco dei' Leoni, qui aurait été construit au temps de Vespasien. Le pont antique della Pietra n'a conservé de sa construction primitive que trois arches. Quant au théâtre, il en reste à peine quelques vestiges.

En sortant de l'amphithéâtre, je jetai une plume au vent pour savoir quelle direction je devais prendre, et l'épreuve me réussit on ne peut mieux. Après quelques minutes de marche, je me trouvai tout à coup sur une très-belle place, la Piazza dell' Erbe, au milieu du tohu-bohu d'un jour de marché, forcé pour avancer d'enjamber des pyramides de pastèques, des corbeilles pleines de pêches, de tomates, ou d'un gros raisin noir à mordre à la grappe, des monceaux de légumes; étourdi que j'étais par les cris des marchands, le caquetage et les rires des ménagères, et coudoyé par tout le monde. Après les grandes lignes un peu monotones d'un amphithéâtre abandonné, ruiné, silencieux, désert, combien cette vaste place toute flamande par l'irrégularité de son plan et le pêle-mêle des constructions qui la bordent, me parut riante, animée, vivante ! Comme tous les édifices publics ou privés rassemblés là par trois ou quatre siècles, sont agréablement variés de formes dissemblables, disparates même ! Voici à gauche la maison des marchands, bâtie en pierre et briques, avec ses ouvertures à arcades géminées, laquelle date des xive et xve siècles. Une statue de la Vierge,

sculptée par l'un des frères Campagna, décore l'é-
coinçon de droite du premier étage. Plus loin, et
rangées telles quelles sur une ligne oblique, des habitations plus modernes, étroitement serrées l'une
contre l'autre, font par les tons clairs de leurs crépis
ressortir la teinte bistrée du vieil édifice. Du côté
opposé, une longue suite de maisons, la plupart élevées en encorbellement sur des portiques sombres
aux piliers trapus, ont des toits qui saillissent comme
des auvents pour garantir leurs façades couvertes de
peintures exécutées par des élèves de Mantegna, voire
même par Paul Véronèse ! Dans l'un des angles du
fond, à gauche, se dresse une grande tour carrée, une
sorte de beffroi qui ajoute encore au mouvement des
lignes et à la pittoresque irrégularité de l'ensemble.
Au fond s'élève le palais Maffei avec son soubassement en bossages à la Jean Bullant et son étage principal dont les fenêtres à frontons cintrés et aigus,
alternés, sont percées dans les entre-colonnements
d'un élégant ordre dorique. Le second étage est divisé
par des gaînes, et le couronnement de l'édifice se
compose d'un entablement à large frise ornementée,
surmonté d'une balustrade. En bas de la place, au
premier plan et droit comme un I, subsiste encore
un pilier du xive siècle, avec base et chapiteau, orné
sur ses angles de colonnettes taillées en spirale et

portant une sorte de clocheton avec pinacle. Cet élégant édicule, qui semble fait pour abriter quelque gracieuse madone, n'est pourtant qu'un vil instrument de torture, c'est l'ancien pilori. A son air souriant et dégagé, on ne se douterait pas aujourd'hui de toutes les hontes et de toutes les larmes que ce marbre a dû boire !

Quand je compare la Piazza dell' Erbe à une place flamande, il va sans dire que je n'ai en vue que son dessin irrégulier, désordonné, pittoresque. Il faut ajouter à cela le soleil et la couleur. Il faut tenir compte aussi de toutes ces *loggie*, de toutes ces terrasses, de tous ces balcons qui étaient ce jour-là peuplés de femmes et d'enfants, et d'où la vie semblait rayonner et se communiquer des personnes aux choses. Les balcons surtout jouent un très-grand rôle à Vérone ; nulle part ils ne sont aussi nombreux et ne saillissent au dehors avec une pareille hardiesse. Sans compter que les balustrades en fer forgé, au galbe ventru, renchérissent encore sur ces balcons ; leurs ferrailles contournées, leurs tôles découpées, volutées, frisottées, épanouies en bouquets et en feuillages, en font autant de choses, non pas toujours belles, mais toujours riches, gaies, et des plus amusantes à voir.

Vers le milieu de la place, à droite, une des arcades vous conduit dans une cour publique dont je me rappelle toujours avec plaisir l'agréable disposition et la belle couleur. A gauche en entrant dans cette cour, un grand escalier en saillie, couvert par un très-beau portique de marbre rouge, conduit droit au premier étage du bâtiment auquel on tourne le dos, c'est-à-dire à une vaste *loggia* du xive siècle que supportent trois immenses arcades à plein-cintre. Vis-à-vis, les murailles ont disparu sous les treillages et la verdure; des berceaux enlacés de vignes et de courges s'élèvent jusqu'au premier étage. A droite, un beau bâtiment percé de fenêtres grillées, qu'on me dit être une prison, domine cette cour qui est très-fréquentée, très-animée, très-bruyante. En me reposant un moment à l'ombre, tranquillement assis sur une des marches du grand escalier, je songeais malgré moi aux malheureux qui, de leurs cellules, pouvaient apercevoir à travers le feuillage des tonnelles, d'honnêtes et libres bourgeois causant et riant le verre à la main, et je ne pouvais me défendre de compatir au sort de ces prisonniers pour qui le trop séduisant voisinage de cette cour doit être un incessant supplice de Tantale.

Cette cour, dont j'ai oublié le nom, conduit à la Piazza dei' Signori et au palais du Conseil, devenu le siége de l'administration municipale. Ce beau palais est décoré des statues de quelques illustres Véronais, parmi lesquelles se trouvent celles de Pline le Jeune, de Cornélius Népos, de Vitruve et de Catulle. Quant à Vitruve, vous savez qu'on le fait naître aussi à Formies. En attendant que les biographes se soient mis d'accord sur ce point, les Véronais ne voulant pas laisser sans patrie l'architecte d'Auguste, ont tranché la question à leur profit.

C'est à deux pas de la Piazza dei' Signori, dans une étroite enceinte qui forme une sorte de parvis à la petite église Santa-Maria l'Antica, que se trouvent réunis les tombeaux des Scaliger. Le plus ancien est celui de Can François della Scala, l'ami de Dante, mort à Trévise en 1329. Le vieux capitaine général des gibelins y est représenté couché sous un dais placé au-dessus de la porte de l'église. Cette figure est belle, les chapiteaux du dais sont jolis, mais les autres détails laissent à désirer.

Le tombeau de Jean, appliqué contre le soubassement de la façade de l'église, est lourd et maniéré. Celui de Mastino II vaut mieux, il est très-finement sculpté. On se demande seulement pourquoi les anges de marbre postés aux angles du sarcophage ont des ailes de tôle? Le plus important et le plus riche de ces mausolées, c'est celui de Can Signorio della Scala, troisième du nom; il se compose d'une sorte de ciborium hexagonal de marbre rouge, élevé sur une plate-forme de même marbre que supportent six colonnes. L'édicule se termine par une pyramide au sommet de laquelle est plantée une statue équestre du podestat, sans préjudice de la figure morte couchée sur le sarcophage. Le pied de la pyramide est orné d'un gâble sur chaque pan et d'un pinacle sur chaque angle, le tout abondamment pourvu de statues. Le tombeau proprement dit est entouré d'une balustrade pleine, d'où s'élèvent six piliers surmontés chacun d'un clocheton servant de niche à un saint guerrier. On s'étonne d'abord d'une aussi grande dépense de marbre, de sculptures, d'anges et de saints à propos de ce Can Signorio, homme aussi vicieux que tyran odieux et avide, qui, pour s'emparer du pouvoir, osa tuer publiquement son frère à la porte même de son palais. Mais la chose s'explique quand on sait que ce noble coquin ne croyant pas devoir compter sur la postérité qui, en effet, eut bien pu lui faire banqueroute, fit élever de son vivant ce fastueux mausolée, lequel ne coûta pas moins de dix mille florins d'or. Quant à la victime qui, par bonheur, ne valait pas mieux que le bourreau, elle n'a pour tout monument qu'une pauvre urne sans inscription, reconnaissable seulement aux échelles, armes parlantes des della Scala, qui sont sculptées sur le couvercle.

Les palais de Vérone sont plus nombreux que remarquables. On n'en peut guère citer que quelques-uns qui soient dignes d'une attention particulière ; ce sont les palais Canossa, près du Castel Vecchio ; Pompei, situé sur la rive gauche de l'Adige, dans la partie de la ville appelée Veronetta ; Giusti, voisin du précédent, si célèbre par ses beaux jardins en amphithéâtre, et d'où la vue de Vérone et de ses environs est magnifique ; Bevilacqua enfin, près de la la porte Borsari, dont l'étage principal est d'une belle ordonnance, mais qu'écrase un grand balcon d'une incroyable lourdeur. En général, ces palais élevés sur un soubassement à bossages, sont percés d'arcades ou de baies à plein-cintre.

J'abrége un peu, comme vous voyez, car j'ai hâte d'arriver à Saint-Zénon, une des plus belles églises de l'Italie du nord. Quoique datant du xie siècle, Saint-Zénon n'est encore par sa structure qu'une basilique. La grande nef, éclairée par de petites fenêtres à plein-cintre, est couverte en charpente ainsi que les bas-côtés qui l'accompagnent ; cependant tous les détails de son architecture appartiennent à la période romane. Les travées de la nef, comprenant chacune deux arcades jumelées, sont divisées par des pieds-droits renforcés de colonnes engagées : celles latérales recevant la retombée des arcs, et les autres se continuant jusqu'au comble. Les points d'appui intermédiaires des arcades consistent en de simples colonnes cylindriques alternant les pieds-droits. Les proportions de la nef principale sont grandes et belles; les murs goutterots, quoique très-élevés, ont bien conservé leur équilibre; ceux des bas-côtés, au contraire, se sont un peu déversés faute de contre-forts suffisants, et probablement aussi parce qu'ils ont eu à souffrir de l'effort des arcs-boutants intérieurs qui les relient à la grande nef. En effet, ces contre-forts, à peine accusés extérieurement et amaigris encore par deux larges chanfreins, ne pouvaient résister à la poussée, non pas des murs goutterots qui sont bien innocents du fait, mais des seuls arcs-boutants dont le propre poids a bien suffi pour déterminer ces petits désordres. A part cela, l'église est non-seulement bien construite, mais construite avec un soin et un talent qu'on ne rencontre pas toujours en Italie.

La façade, qui se réduit au grand pignon de la nef flanqué de ceux des bas-côtés, est charmante de proportions et d'une finesse de détails inimaginable. L porte d'entrée, à baie carrée, est protégée par un élégant petit porche supporté par deux colonnes corinthiennes isolées, que deux lions accroupis portent gaillardement sur leur échine de marbre. Les chapiteaux reçoivent les retombées d'une arcade couverte à deux pentes et engagée dans la muraille. Enfin, le tympan compris entre l'arc et le linteau de la porte est rempli par des sujets très-habilement sculptés. Cette façade est divisée en tranches verticales par des pilastres longs et étroits comme des fuseaux, à base et chapiteau antiques, se combinant avec les corniches à arcature qui suivent les lignes rampantes des toits. Une suite de petites baies jumelées, les unes à jour, les autres feintes, sont pratiquées ou figurées à la hauteur du tympan de la porte, dans les étroites travées formées par la succession des pilastres. Telle est la décoration si simple et d'un si bel effet pourtant qui occupe toutes les parties pleines de cette façade et qui primitivement l'occupait tout entière, car la belle rose à meneaux rayonnants, ouverte dans le pignon de la grande nef, est certainement du XIIe siècle et a dû être percée après coup. Cette façon de décorer un édifice vous paraîtra peut-être bien élémentaire; ce qui l'est moins, c'est le talent d'exécution des artistes qui ont produit cette œuvre harmonieuse et charmante. Cette façade est entièrement construite en marbre, mais celles latérales sont élevées par assises alternées de marbre et de briques; leur corniche de couronnement en marbre de Carrare et merveilleusement ciselée, est soutenue par une arcature à consoles taillées dans la *pietra galina*, marbre véronais teinté d'ocre rouge. Cette corniche, riche et d'un goût irréprochable, est admirablement travaillée. En fait de sculptures italiennes, je ne connais d'autres exemples de cette perfection que certains détails byzantins de Saint-Marc de Venise.

L'église est accompagnée, du côté du nord, d'un beau cloître dont les arcades, en encorbellement sur des colonnettes couplées dans le sens de l'épaisseur des arcs, sont ogivales sur deux des côtés du cloître et à plein-cintre sur les autres; ces colonnettes, en marbre rouge, sont coiffées de chapiteaux à corbeille évasée, unie. Au milieu d'une des galeries et en saillie sur la cour subsiste encore le petit portique qui abritait la fontaine où les religieux venaient faire leurs ablutions. Ce cloître est d'un effet charmant; les anciennes peintures murales à demi effacées qui décorent, sur quelques points, le fond des galeries, les lierres qui tapissent le bahut en briques, les figuiers qui ajoutent leur ombre hospitalière à celles des portiques, les fragments de sculptures qui gisent çà et là à moitié cachés par les grandes herbes; tout cela joint au silence qui règne dans ce lieu solitaire est plein d'un charme si puissant que, si mondain qu'on puisse être, on en arriverait là, je crois, à comprendre les jouissances que trouvent certaines âmes dans la vie contemplative et la solitude.

Avant de rentrer dans l'église, n'oublions pas de nous arrêter un moment devant sa porte principale pour en examiner les fameux revêtements en fonte de bronze qui sont probablement le plus ancien travail italien de ce genre. Sur les vantaux en bois sont appliquées quarante-huit feuilles de bronze de quarante centimètres carrés, à peu près, qu'encadrent des couvre-joints demi-cylindriques dont l'ornementation est percée à jour. Les points d'intersection de ces couvre-joints sont masqués par des têtes d'homme et de lion rapportées après coup. Quant aux panneaux où sont traités autant de sujets empruntés à l'Ancien et au Nouveau Testament, ils appartiennent évidemment à deux époques différentes : les uns, d'un style barbare jusqu'à la férocité, doivent provenir de l'édifice primitif fondé par Pépin au ix⁰ siècle ; les autres, simplement naïfs, mieux composés, plus savamment modelés et dont l'ornementation est parfois très-belle, doivent être postérieurs à l'incendie de 1160, qui détruisit par la fusion une partie de ces plaques. Les couvre-joints et les têtes qui les complètent sont évidemment aussi de cette dernière époque. Au surplus, ce curieux monument d'orfévrerie figure dans l'excellente publication de M. Gailhabaud où vous trouverez sur ce sujet trois ou quatre belles planches qui vous en apprendront plus que toutes mes phrases.

A l'intérieur de l'église, il y a une foule de choses intéressantes à examiner, surtout en compagnie du custode de Saint-Zénon, jeune homme intelligent, admirateur passionné du bel édifice confié à sa garde et au zèle investigateur duquel on doit la découverte d'un grand nombre de peintures murales des XIIIe, XIVe et XVe siècles qui avaient disparu depuis longtemps sous le badigeon. Mais ma lettre est déjà si longue que vous me permettrez, pour en finir, de ne point entrer dans ce détail et de me borner à copier mes notes.

Le chœur est du XVe siècle; il est meublé de fort belles stalles du même temps. Le fond de l'abside est décoré d'un grand et superbe tableau de Mantegna : *la Gloire de Marie.* Une belle statue assise de saint Zénon, évêque de Vérone, est adossée au mur du collatéral sud. Sur le mur de droite de la grande nef, on voit aujourd'hui une fresque de 1397, œuvre d'un religieux nommé Capillo, représentant des bénédictins présentés à la Vierge par leur saint protecteur. Les figures en sont belles et l'architecture très-soignée. Cette peinture, qui était perdue sous le badigeon, a été récemment retrouvée. D'autres peintures du même temps décorent les bas-côtés du chœur. Au surplus, beaucoup de trouvailles du même genre ont été faites dans ces dernières années, mais la liste en serait trop longue à faire ici.

Après avoir lu l'inscription dédicatoire gravée sur le soubassement du campanile et qui fixe la date du commencement et de l'achèvement des travaux de Saint-Zénon (1045-1178), je quittai, non sans regret, ce beau monument.

Sainte-Anastasie est une assez belle église de la fin du xiiie siècle, bâtie sur un plan en forme de croix latine, et, chose rare, couverte par une voûte ogivale. Comme dans beaucoup d'autres églises italiennes, la poussée de la voûte est maintenue par des tirants en bois; c'est-à-dire que pour éviter les arcs-boutants à l'extérieur, on obstruait l'intérieur des églises de ces malencontreuses pièces de charpente. C'est bien là l'histoire de ceux que choque la paille des autres et qui ne voient pas leur *poutre*. La décoration peinte des voûtes haute et basse accuse bien la construction, ce qui vaut mieux que les éternelles grisailles de fantaisie qu'on retrouve partout dans l'Italie du nord. Les fresques dont ces murailles étaient recouvertes sont aujourd'hui presque entièrement effacées. La porte d'entrée est un bel ouvrage de menuiserie du xve siècle, mais gâté un peu par les pilastres que le xvie y a ajoutés.

En sortant de l'église, à droite au-dessus d'une large baie cintrée, une urne funéraire, celle du comte de Castelbarco, est posée en équilibre sur la crête d'un mur. Un édicule gothique assez élégant, qui abrite l'urne est lui-même posé en encorbellement sur chacune des faces du mur. C'est un vrai tour de force. Il semble qu'un bon coup de vent soufflant du nord devrait faire choir le tout du côté du sud. Cette architecture d'acrobate rappelle trop certains exercices d'Auriol sur la corde roide pour être là bien à sa place.

L'église de San Fermo Maggiore, bâtie au xive siècle, est couverte par une sorte de voûte en bois de noyer qui est un très-curieux travail. La section transversale de cette voûte donnerait au centre un étroit berceau et pour chacun des côtés rampants deux grandes gorges en quart de cercle séparées entre elles par une sorte de larmier occupé par des modillons. Le noyer ayant singulièrement poussé au noir, cette voûte est fort sombre et, il faut le dire, d'un aspect lourd et prétentieux ; mais comme travail de menuiserie, c'est une véritable curiosité. La chaire, peu intéressante, est surmontée d'un très-joli abat-voix du xive siècle. La porte méridionale de l'église est gothique et d'une très-belle tournure.

L'ancienne cathédrale de Vérone existe encore à Veronetta, mais dans quel état, bon Dieu ! Il n'en reste plus que la crypte et le chœur ; le surplus a disparu sous les plus plates restaurations. L'ancien siége en pierre de l'évêque subsiste toujours au fond de l'abside, mais c'est tout. La crypte est plus intéressante que l'église, quelques bonnes peintures s'y voient encore en attendant qu'on les fasse disparaître avec tant d'autres choses.

Je vous parle de l'ancienne cathédrale et je ne vous ai rien dit de la nouvelle qui n'est pourtant pas sans mérite, tant s'en faut. Elle date de la fin du XIIe siècle et sa voûte est du XVe. Quant aux détails, je dois vous avouer en toute humilité que j'en ai perdu le souvenir.

XIII

A M. de Mérindol, architecte.

Brescia.—Le Temple de Vespasien.—Le Museo Patrio.—La Victoire ailée.—Le Duomo Vecchio.—La nouvelle cathédrale.—Le Broletto.—La Loggia.—Côme.—Le lac.—La cathédrale.—Le Broletto.—L'église Saint-Fedele.—Le Lac Majeur.—La statue de saint Charles Borromée.—L'Isola Bella.

Après Vérone, Brescia paraît un peu pâle et triste, surtout quand on a quitté la première de ces villes par un soleil resplendissant et qu'on surprend l'autre toute ruisselante d'une suite d'averses dignes de novembre. Toutes choses égales d'ailleurs, Brescia n'a pas, il s'en faut, le grand aspect de Vérone; malgré une population presque égale à celle de sa voisine, il lui manque cette animation qui est propre aux grandes villes, elle sent sa province.

Est-ce à dire pour cela que Brescia soit dépourvue de tout intérêt ? non certes ; comme presque toutes les villes italiennes que les arts ont si généreusement parées, elle a conservé du passé de curieux souvenirs: l'antiquité, le moyen âge et la renaissance y ont laissé des traces fort honorables, sinon très-brillantes.

L'architecture romaine est représentée à Brescia par les restes d'un temple qui remonte au premier siècle de notre ère et qu'on croit avoir été élevé sous Vespasien. C'est en 1822 seulement que cette ruine fut rendue à la lumière : une des colonnes du péristyle qui gisait alors sur le sol, au pied d'une colline qui domine la ville, suggéra à un peintre brescian, L. Basiletti, l'idée que l'édifice dont elle provenait devait être enfoui dans le voisinage, et l'administration municipale fit faire des fouilles qui amenèrent en effet la découverte dont il s'agit. Le temple est d'ordre corinthien et d'un assez bon style ; il est divisé à l'intérieur en trois *cellas*, où l'on a réuni d'autres débris dont l'ensemble constitue aujourd'hui ce qu'on appelle le *Museo Patrio*. C'est dans ce musée qu'est conservée la fameuse Victoire ailée retrouvée, en 1826, parmi je ne sais quels autres décombres, et dont les Brescians sont si fiers. Cette statue, d'une hauteur de deux mètres environ, est en bronze et à peu près intacte, sauf les mains auxquelles deux ou trois doigts manquent. Le mouvement de la figure a beaucoup d'élégance; cependant, comparée à ce qu'on connaît de la statuaire grecque, cette Victoire est loin d'être, comme on l'a dit, un chef-d'œuvre. A mon avis, la beauté plastique des nus est toute de convention et les draperies manquent d'ampleur et de grâce. Ah! qu'il y a loin de ce bronze à l'admirable perfection de la Vénus de Milo !

Dans la même salle se trouve un petit tombeau antique, décoré de deux têtes un peu frustes, mais très-finement sculptées. Un autre tombeau, voisin de celui-ci, se recommande surtout par l'énergique expression des figures représentant les deux époux romains à la mémoire desquels le monument fut élevé. Ajoutez à cela des bustes, des bronzes de petite dimension et des médailles, et vous aurez une idée de la salle des antiques.

Une des *cellas* est consacrée au moyen âge, et ce n'est pas la plus intéressante à étudier ; exception faite d'un joli tombeau du XVIe siècle, les fragments qu'on a réunis là sont en général assez médiocres.

Dans la salle centrale ont été recueillies et incrustées dans les murailles des inscriptions antiques très-nombreuses déjà, mais pas assez cependant pour occuper toute la surface des parois de cette salle ; ce à quoi MM. les conservateurs du musée brescian ont remédié en faisant remplir les vides qui restaient par de fausses plaques et de fausses inscriptions peintes en détrempe! Soit dit en passant, je n'aurais jamais cru que l'amour des pendants et des parallèles pût aller jusque-là.

L'ancienne cathédrale de Brescia, le *Duomo Vecchio*, est une rotonde du IX° ou du X° siècle, plus vieille que belle, et dont l'intérieur a été transformé en une vilaine chose à pilastres corinthiens très-cannelés, avec accompagnement de caissons non moins laids, dans la coupole. On trouve là pourtant un beau mausolée, celui du cardinal Morosini. Je m'étais bien promis de visiter la crypte qui s'étend sous cette rotonde, et qu'on dit être un curieux monument lombard du VII° ou du VIII° siècle, mais j'avais compté sans Monseigneur l'évêque, qui possède seul la clef de cette chapelle souterraine dont il ne permet l'entrée, me dit le sacristain, qu'à ses seuls amis.

Quant à la nouvelle cathédrale, celle du XVII° siècle, c'est une grande machine en marbre, une espèce de Panthéon, un peu moins froid peut-être, mais non moins ennuyeux à contempler que celui de Soufflot. Ce monument n'a qu'un mérite, c'est que sa coupole passe pour être une des plus grandes de l'Italie, après celles de Saint-Pierre de Rome et de la cathédrale de Florence. D'où il faut conclure que ceux qui, en fait d'art, apprécient plus volontiers la quantité que la qualité, doivent classer la cathédrale de Brescia parmi les plus remarquables.

Pour moi, je préfère l'ancien palais de la république, le *Broletto*, un grand ensemble de belles constructions en briques du XIIe siècle. C'est moins classique, mais en revanche c'est plus beau. Cependant ce pauvre palais est aujourd'hui bien défiguré ! Le temps et surtout les révolutions, c'est-à-dire les hommes, se sont appesantis sur lui de la façon la plus barbare. Ce qui reste pourtant donne encore l'idée la plus favorable de ce qui a disparu. Ce sont de belles ouvertures à plein-cintre, dont les archivoltes, à plusieurs rangs, ont leurs claveaux de marbre et de brique alternés. Des ornements en terre cuite sont parfois mêlés à la brique et au marbre, et ces ornements, d'un excellent style, sont supérieurement modelés.

Les façades internes des bâtiments sont ornées, sur les trumeaux, de bas-reliefs, d'écussons, d'inscriptions de toutes sortes, taillés ou gravés dans le marbre ; mais la plupart de ces ouvrages ont été, dans des moments de réaction politique, brutalement mutilés. On n'en juge plus aujourd'hui que par des silhouettes dont le marteau n'a pu entièrement effacer les traces.

Un autre édifice non moins remarquable, c'est le palais municipal, la *Loggia*, bâtiment élevé sur un rectangle dont deux des côtés sont divisés en cinq travées et les deux autres en trois. Au rez-de-chaussée l'espace est libre sur les trois cinquièmes de la surface, et forme ainsi un spacieux portique couvert de neuf voûtes d'arêtes, lequel s'ouvre sur trois façades par des arcades à plein-cintre, dont les proportions sont de tout point irréprochables. Les deux autres cinquièmes du terrain sont occupés par des pièces affectées aux services communaux.

Le premier étage, œuvre de l'architecte Formentono, est d'un très-beau caractère; le deuxième, élevé par Sansovino, a peut-être un peu moins d'ampleur et de fermeté, mais il rachète cela par cette élégance qui est le cachet ordinaire du grand artiste florentin. Les trumeaux, encadrés d'une bande de marbre noir, sont ornés de riches patères, qui accompagnent bien la somptueuse architecture des fenêtres. Au rez-de-chaussée, des niches creusées dans les tympans formés par la succession des archivoltes, sont occupées par des bustes d'une tournure un peu trop romaine peut-être, mais, au demeurant, fort beaux. Enfin une très-belle frise de rinceaux et d'enfants couronne cet édifice, qui est certainement une des plus belles productions de la renaissance italienne. Par malheur, le XVIIe siècle, qui ne doutait de rien, a osé toucher à cela : un affreux attique octogone qui se pavane effrontément au faîte de la *Loggia*, dépare et déshonore cet harmonieux ensemble.

Je n'ai rien à vous dire des églises de Brescia ; elles sont peu nombreuses, d'ailleurs, et je n'en ai pas vu de remarquables.

De Brescia, où je ne fis guère que passer, je retournai à Milan, non avec l'intention d'y faire un nouveau séjour, mais pour y prendre le chemin de fer qui conduit à Côme. Heureusement, je retrouvai par là le soleil, qui avait cessé un moment de me sourire et qui voulut bien visiter avec moi *les bords enchantés* du lac de Côme.

Plaisanterie à part, ce lac est vraiment magnifique. Son bassin, bifurqué en forme d'Y et dont les rives ont les sinuosités d'un fleuve, est encaissé de montagnes dont la hauteur dépasse parfois deux mille mètres ; de sorte qu'on jouit là de la sévère beauté d'un paysage alpestre en même temps qu'on y respire l'air transparent et tiède de l'Italie. Les pentes des montagnes, en s'inclinant vers les eaux du lac, se couvrent d'une végétation luxuriante toute parsemée de blanches villas, de chalets aux capricieuses découpures, de terrasses ombragées de pampres et de myrtes. En un mot, ce lac et ses alentours admirables réalisent, à bien peu de chose près, les plus beaux rêves qu'on puisse faire en ce genre, ce qui n'est pas peu dire.

Dans le voisinage de Côme, la rive droite est bordée

de parterres clos d'une simple balustrade, lesquels dominent le lac de deux ou trois mètres, à peine. Des rosiers et des chèvrefeuilles, franchissant ces légères clôtures ou s'échappant à travers leurs claires-voies, retombent à l'extérieur en touffes fleuries, comme pour inviter les promeneurs du lac à emporter de ces délicieux jardins un odorant souvenir. C'est ainsi, du moins, que j'interprétai la chose et qu'ensuite, dressé de tout mon haut sur la proue de ma barque, je pus cueillir chez mademoiselle Taglioni, et en présence de la célèbre sylphide, une jolie rose pompon.

Mais ne nous oublions pas dans les délices de Capoue; la cathédrale de Côme nous réclame, et si l'on voulait en croire la notice publiée dans cette ville par les éditeurs Carlo et Felice Ostinelli, il s'agirait d'un *de' più insigni* monuments de l'architecture de la Lombardie. Malheureusement, cette appréciation n'est qu'une gasconnade italienne, et l'édifice en question une médiocrité des mieux conditionnées. Il s'agit tout bonnement d'un pâle et bien pâle reflet du Dôme de Milan. Jugez donc de ce que cela peut être! Cependant, il faut bien vous en dire quelque chose.

Les trois nefs, élevées dans les dernières années du xive siècle et les premières du xve, sont couvertes par le même comble, de sorte que ce vaisseau qui est grand,— c'est à peu près son seul mérite,—n'est guère éclairé que latéralement par les fenêtres de dimensions très-restreintes des basses nefs. En façade c'est autre chose : pour faire croire que la nef principale domine les bas-côtés, on a commis le petit mensonge de surélever le pignon central, lequel n'est, par conséquent, dans sa partie supérieure, qu'une sorte de paravent inutile. Les grands murs longitudinaux des nefs sont accusés à l'extérieur, et du sol jusqu'au faîte, par des pilastres qui, toujours à l'instar de Milan, sont évidés chacun de huit ou dix niches sur la hauteur, pourvues d'autant de statues. Quant aux ouvertures pratiquées sur la façade, ce sont d'abord trois portes quelconques à plein-cintre ; puis, au-dessus, quatre longues fenêtres en lancettes, de hauteurs et de largeurs différentes, et enfin une rose. A droite et à gauche de la porte centrale, deux petits baldaquins engagés dans la muraille abritent les statues assises des deux Pline, que la ville de Côme compte au nombre de ses enfants. Ces ouvrages sont du XVIe siècle, et valent mieux que ce qui les entoure. La rose aussi, quoique d'un style très-tudesque, c'est-à-dire d'une sécheresse rare, n'est pas sans mérite. Mais le reste, les soi-disant contre-forts ou pilastres et les clochetons qui les terminent, d'autres baldaquins accrochés, c'est le mot, dans la partie haute de la façade, enfin l'ordonnance et l'ornementation, tout accuse la plus désolante pauvreté d'invention, jointe au goût le plus médiocre. Pour couronner l'œuvre, l'architecte sicilien Juvara, le même qui défigura le Palais-Madame, à Turin, vint en 1731 affubler cette église d'un affreux dôme à côtes de melon, qui est bien un des plus ennuyeux échantillons du genre.

A l'intérieur de l'église, j'ai vu un baptistère assez élégant qu'on *attribue* à Bramante, ce qui indique bien qu'il n'est pas de lui. En effet, le style de cet édicule appartient à la fin du xvi⁰ siècle.

Attenant à la cathédrale subsiste encore l'ancienne maison commune, le *Broletto*, beau bâtiment de la première moitié du xiii⁰ siècle. Il est élevé de deux étages sur un portique dont les points d'appui, à section octogonale, supportent des arcs ogivaux. Les fenêtres du premier étage sont à plein-cintre et jumelées, avec meneau en marbre rouge et chapiteaux finement sculptés. De jolies corniches à arcatures marquent la séparation des étages. Construit par assises alternées de marbres noir, rouge et blanc, cet édifice a beaucoup d'originalité, de couleur et de style.

Mais la perle monumentale de Côme, c'est l'abside de Saint-Fedele ; je dis l'abside et non l'église, qui a été entièrement défigurée par la Renaissance et les xvii⁰ et XIX° siècles. Cette abside à plan pentagonal est extrêmement curieuse ; c'est le même parti que celui adopté à Saint-Donat, de Murano, mais plus développé, mieux accusé et certainement postérieur de plus d'un siècle à l'édifice vénitien qui est du X°. Supposez d'abord deux demi-décagones concentriques, séparés par un espace d'environ un mètre et demi; puis à l'intérieur, sur chacun des cinq côtés du petit plan, élevez deux étages d'arcades que vous réunirez au mur plein, construit sur le grand plan, par de petites voûtes en berceau, qui s'évasent en s'éloignant du centre. A l'extérieur, au contraire, un troisième étage d'arcades est ouvert dans le mur externe, tandis que c'est le mur interne qui est resté plein ; de sorte que l'espace compris entre les deux demi-décagones forme une sorte de *loggia*, couverte également par une suite de petits berceaux. Seulement les pans étant, cela se conçoit, plus larges à l'extérieur qu'à l'intérieur, la *loggia* compte dix arcades au lieu de cinq, deux pour chaque pan.

Le grand mur plein, qui sert de soubassement à la *loggia*, est consolidé sur chacun des angles par une sorte de colonne engagée, dont le chapiteau à corbeille cubique reçoit la base des colonnes de la *loggia*; une première arcature portée sur des modillons couronne ce haut soubassement; une seconde, à peu près semblable à l'autre, supporte l'entablement de l'édifice.

Vous comprenez bien, mon cher ami, qu'au fond la disposition de ces deux murailles rendues solidaires ne fut pas, de la part de l'architecte, l'effet d'un simple caprice de l'imagination ; l'homme de l'art, ayant bien jugé qu'un mur isolé, élevé à une certaine hauteur et poussé par une lourde couverture, ne saurait se maintenir en parfait équilibre, il en imagina un second qui n'est en définitive que le contre-fort déguisé du premier. Mais l'architecte de Saint-Fedele ne fut pas seulement un savant constructeur, ce fut un habile artiste. Cette abside est une composition harmonieuse et charmante. L'architecture en est savamment étudiée et appartient à un art déjà avancé, qui n'a, certes, jamais été celui des Lombards du viiie siècle, quoi qu'on en ait pu dire.

A droite de l'abside, on pénètre dans l'église par une porte dont l'arc ou le linteau, comme vous voudrez, se compose de deux parties droites s'élevant des sommiers jusqu'à la clef, de façon à terminer le vide de la baie par un angle obtus. Pardonnez-moi cette phrase, qu'un mot pourrait remplacer, sans doute, mais je ne connais pas de terme technique applicable à cette forme particulière. Les jambages et la voussure de cette porte sont couverts d'animaux fantastiques qui s'entre-dévorent avec une rage infer nale. A la suite de cette mêlée furieuse et en prolongement sur le parement du mur, on voit, au contraire, un panneau composé de saints et d'anges paraissant vivre dans la meilleure intelligence et la plus tranquille béatitude. Que cette antithèse ait un sens, je veux bien le croire, mais ce sens, je dois avouer que je ne l'ai pas encore parfaitement saisi. Toujours est-il que cette sculpture, assez barbare d'expression, n'est pas sans mérite; les bêtes surtout sont très-bien traitées.

Maintenant que j'en ai fini avec mes souvenirs de Côme, je pourrais, mon cher ami, vous ramener encore à Milan. Mais ce serait par trop abuser de votre longanimité; transportons-nous donc par la pensée, et tout d'un trait, sur les bords du lac Majeur.

Deux objets de haute curiosité avaient été chaudement recommandés à mon attention lors de mon départ pour l'Italie : la statue colossale de saint Charles Borromée, dont la hauteur est de 21 mètres, et l'*Isola Bella*. J'avais oublié la première, lorsqu'en m'embarquant à Arona, sur le lac Majeur, pour aller gagner Baveno et la route du Simplon, ma vue se porta, par hasard, sur le célèbre archevêque de bronze qui domine la ville d'Arona et les campagnes environnantes. Il paraît qu'au point de vue de l'art, cette statue de saint Charles est une œuvre fort estimable; mais son plus grand mérite aux yeux de certains voyageurs, c'est qu'on peut circuler dans l'abdomen du colosse, grimper jusqu'à sa tête, regarder par ses yeux comme par des lucarnes, et s'asseoir irrévérencieusement dans le creux de son nez. Je regrette d'autant plus, mon cher ami, de ne pouvoir vous rendre compte de cette ascension, qu'un amateur m'a assuré qu'en ne la faisant pas, j'avais manqué mon voyage.

Et l'*Isola Bella*, que vous en dire après tout ce qui a été dit, écrit, imprimé sur cette huitième merveille du monde? Vous savez que cette île, ainsi que sa sœur l'*Isola Madre*, n'étaient encore au xviie siècle que des rochers stériles. C'est un certain comte Vitalien Borromée qui eut l'idée, assez originale, de tailler ces rochers d'aplomb et de niveau, de les disposer en gradins et d'y faire rapporter, à grands frais, de la terre pour y jardiner à son aise. L'Isola Bella se compose d'une dizaine de terrasses, qui s'étagent en pyramide jusqu'à une hauteur de trente mètres au-dessus du niveau du lac, et il va sans dire que le tout est couvert d'une très-riche végétation. Seulement, les feuillages ont été nivelés et alignés comme les rochers; les buissons ressemblent à des murailles, les arbres à des candélabres, à des piédouches et à des balustres. En revanche, de cette verdure si bien peignée, si proprement tirée à quatre épingles, s'élancent çà et là des obélisques, des colonnes, des aiguilles de marbre, d'un dessin contourné, maniéré, bizarre, au sommet desquels sont plantées en équilibre des statues aux gestes violents, désordonnés, dont les draperies même paraissent agitées par la *tramontana*, qui souffle du nord sur le lac. Enfin, au point culminant de cette décoration théâtrale se cabre une licorne enfourchée par un cavalier quelconque, à qui on pardonne volontiers la crainte et l'épouvante que paraît lui causer la situation périlleuse à laquelle il est condamné. Telle est, mon cher ami, l'*Isola Bella*, qu'on a comparée aux jardins d'Armide et de Circé. On se demande comment de pareilles pauvretés ont pu surgir au milieu de ce beau lac et du calme et majestueux paysage qui l'entoure ; et quand on songe que cette ridicule invention a une réputation européenne de beauté, on est plus convaincu que jamais qu'en fait d'art l'éducation du public laisse encore beaucoup à désirer.

Au surplus, on aurait beau médire de l'Isola Bella, on n'arriverait pas pour cela à la déposséder du glorieux renom dont elle jouit. Elle a cela de commun avec toutes ses pareilles en célébrité; non pas que tout le monde soit dupe de ces fausses merveilles, mais c'est que beaucoup de ceux qui ne les estiment qu'à leur mince valeur n'osent pas dire franchement ce qu'ils en pensent. Avouer qu'on est resté insensible aux prétendues beautés de tel ou tel objet, chanté par tant de poëtes et qui a été un sujet d'admiration pour tant d'artistes, quelle maladresse ! Ne serait-ce pas se reconnaître incapable d'apprécier des mérites proclamés si haut par les juges les plus compétents ? L'amour-propre ne se résigne pas facilement à ces sortes de sacrifices.

C'est surtout quand il s'agit de l'Italie que ce respect quand même des idées reçues est poussé jusqu'au fanatisme. Je connais bon nombre de gens qui vous chercheraient querelle, si vous osiez dire en leur présence que les productions de l'architecture italienne, depuis Saint-Pierre de Rome jusqu'à la moindre cahutte, ne sont pas autant de chefs-d'œuvre. Ce sont les mêmes enthousiastes, il est vrai, qui font fi des admirables monuments de notre architecture nationale, — qu'ils ne connaissent pas, — et si la Renaissance française trouve grâce auprès d'eux, ne leur en sachons pas gré : c'est qu'ils persistent à considérer les édifices les plus remarquables de cette période comme l'œuvre d'artistes italiens. Touchante abnégation ! Le plus curieux de ceci, c'est que les fanatiques de cette espèce ne se rencontrent pas parmi les gens du monde dont le jugement, peu éclairé sans doute en fait d'art, a du moins cela de bon, qu'il n'est pas faussé par des préjugés d'école ; ces fanatiques, on les trouve dans une certaine classe d'artistes, dépréciateurs systématiques des arts de leur pays, et pour qui, hors de la routine italienne, il n'est point de salut.

Je n'ai vu ni Rome ni Florence ; il ne m'est donc pas permis de juger, sur de simples renseignements graphiques ou autres, de ce qu'il y a de fondé dans l'enthousiasme opiniâtre, à cet endroit, des générations qui ont précédé la nôtre. Je ne puis parler que de la haute Italie que je viens de parcourir, et que j'ai vue, regardée et étudiée de tous mes yeux ; eh bien ! mon cher confrère, je vous le déclare bien sincèrement, je n'ai rien rencontré au delà des Alpes qui pût me faire oublier ce que j'avais laissé en deçà ; pas une seule église qui puisse être comparée à nos magnifiques cathédrales, pas un palais qui égale en beauté le vieux Louvre de Henri II, de Charles IX, et de Henri IV. Quant à l'architecture de la décadence, je doute que l'on trouve dans toute l'Italie, rien qui puisse être opposé à nos édifices harmonieux et charmants du règne de Louis XIII ; rien qui soit comparable à la décoration intérieure de la Galerie d'Apollon, ou même à celle des grands appartements de Versailles. Enfin, il n'est pas jusqu'aux rocailles, jusqu'aux spirituelles fantaisies, aux galantes mièvreries du style Pompadour, qui ne soient, croyez-le bien, cent fois préférables au rococo maladroit et lourd des artistes italiens du xviiie siècle.

Est-ce à dire pour cela qu'il faille renvoyer à l'Italie tous les dédains que professent pour leur propre pays certains artistes français? Non certes, et de pareilles représailles seraient aussi ridicules qu'injustes. Si d'ailleurs l'Italie artiste nous est inférieure par certains côtés, elle nous est, en revanche, supérieure par certains autres, et à ce titre seul elle mériterait le tribut de nos hommages. Mais où les Italiens de la Renaissance se montrèrent surtout supérieurs c'est dans les arts d'imitation; ils possédèrent au suprême degré le sentiment de cette beauté plastique dont les types sont pris dans la nature créée; sentiment bien rare, bien précieux et qui suffit presque pour produire les grands peintres et les grands sculpteurs, mais qui ne fait pas seul les grands architectes. Outre l'inspiration de l'artiste, notre art, soumis aux lois de la matière, exige, vous le savez, des connaissances positives, mathématiques; des combinaisons d'effets calculés, comme l'a dit si justement M. Léonce Reynaud, « non sur les formes mais sur l'esprit qu'elles recèlent, sur les procédés et non sur les produits. » Or les constructeurs italiens, plus artistes que savants dans l'art de bâtir, plus sculpteurs qu'architectes paraissent s'être toujours beaucoup moins préoccupés de l'utile que de l'agréable. La plupart de leurs édifices pèchent par la disposition générale, par le plan ; leur forme répond rarement à leur fonction. Mais peu importe à l'artiste italien du XVIe siècle, pourvu qu'il puisse donner carrière à sa verve exubérante et nous jeter de la poudre aux yeux. Aussi quelle pompe dans l'ordonnance des édifices ! quelle fantaisie dans cette ornementation, plus ou moins bien choisie pour la place, sans doute, mais si souvent belle et agréable par elle-même !

Ma conclusion, mon cher confrère, c'est que la souriante Italie est un pays charmant avec lequel il est bon, très-bon même de faire connaissance, mais pas avant l'âge où l'expérience a déjà mûri l'esprit, c'est-à-dire quand on peut résister victorieusement aux appeaux de cette grande séductrice. Les jeunes Français qui vont en Italie avant de connaître les richesses monumentales de leur pays, et c'est le plus grand nombre, courent trop le risque de se fausser le jugement au milieu de tous ces souvenirs d'un autre âge et d'un art qui n'est pas le nôtre. Et puis lorsqu'ils nous reviennent de ces villes de palais et de ces palais de marbre dorés par un soleil qui ne rayonne pas chez nous, il leur arrive, à ces enfants dénaturés, de prendre en pitié leur mère patrie, et son ciel moins lumineux, et la pierre de taille et les moellons; si bien qu'ils s'entêtent souvent toute leur vie à vouloir reproduire en pierre les édifices de marbre qu'ils ont vus là-bas. C'est à peu près comme si les cultivateurs de la Normandie s'avisaient de vouloir acclimater dans leurs frais et verts pâturages les orangers, les citronniers, et les myrtes de la Toscane. Ah! que ces fins Normands font bien mieux, pour eux et pour nous, d'y faire pousser des pommes et d'y élever du bétail!

Ne nous laissons donc pas entraîner à ces engouements qui nous ont fait si longtemps méconnaître et dédaigner nos propres richesses. Aimons l'Italie et tout ce qu'il y a d'aimable en elle, aimons même les Italiens, si vous voulez, mais tenons-nous en là ; gardons-nous bien de l'*italianomanie*.

FIN.

TABLE ANALYTIQUE.

	Pages.
ABADIE, architecte..................................	1
ABBAYE de Hautecombe...........................	3
ABSIDE de la cathédrale de Milan..................	61
— de Saint-Donat, à Murano................	217
ADIGE, fleuve de la Vénétie........................	114
AIX-LES-BAINS (Savoie).............................	4
ALBERT DURER, peintre et graveur................	27
ALDIGHIERO DA ZEVIO, peintre padouan..........	222
ALEXIS, architecte milanais........................	99
ALFIERI (le comte), architecte piémontais........	44
AMATI (Charles), architecte milanais..............	58
AMBONS de l'église Saint-Marc, à Venise.........	146
AMÉDÉE VIII, duc de Savoie.......................	25
AMPHITHÉATRE de Vérone..........................	238
ANTIPHONAIRES de l'église Saint-Ambroise, à Milan.	84
ARC de Campanus, à Aix (Savoie).................	4

	Pages.
Arc *dei' Leoni*, à Vérone......................	239
Architecture byzantine........................	127
— lombarde ou *lombardesca*....... 67, 169,	212
— de la renaissance, à Venise...............	168
— vénitienne. Remarques à ce sujet........	149
Avanzo (Jacopo d'), peintre padouan............	232
Basiletti, peintre brescian.....................	256
Baptistère de la cathédrale de Côme...........	264
— de la cathédrale de Padoue...............	235
Banzi, sculpteur milanais......................	98
Basilique de Superga, près de Turin............	29
Bergame (Lombardie)	112
Bertuce Valier, doge de Venise. Son tombeau...	158
Bianca Capello, Vénitienne....................	214
Bibliothèque (ancienne) ou *Libreria vecchia*, à Venise.................... 119, 179, 151,	215
Blanc (Charles), auteur d'un livre intitulé : *De Paris à Venise*.................. 47, 96, 194,	235
Boesvilvald, architecte........................	49
Bonaventure (Philippe), architecte français......	62
Borromée (saint Charles), archevêque de Milan...	56
Bourse de Milan (ancien collége des jurisconsultes).	105
Bramante, architecte italien 93, 96, 97, 102, 104,	264
Brescia (Etats vénitiens).......................	255
Bréviaire du cardinal Grimani, à Venise........	195
Buono (Bartolomeo), architecte vénitien. 178, 188, 191.............................	210
Buono (Giovanni), architecte vénitien..........	188
Burano, île de la lagune, à Venise.............	124

Buzzi (Charles), architecte milanais.............	57
Byron (lord), à Venise............. 122, 202,	203
Cacciatore, sculpteur milanais..................	2
Café Florian, à Venise.......................	176
— Pedrocchi, à Padoue...................	235
Campagna (Jérôme), sculpteur italien............	232
Campanile de Saint-Marc, à Venise......... 119,	122
Campanosen (Jean), architecte français..........	62
Campo *San Zanipolo*, à Venise................	160
Candélabre d'André Riccio, dans l'église Saint-Antoine, à Padoue........................	234
Calendario (Philippe), architecte et sculpteur vénitien................................. 152,	185
Canal (grand), à Venise................. 116,	206
Candide December. Son tombeau à Milan........	84
Canonica de la cathédrale de Novare...........	42
Canova, statuaire vénitien. Son tombeau à Venise.	165
Castelli, architecte milanais...................	57
Cattaneo (la signora), à Venise................	117
Cathedra ou trône des anciens évêques; à Torcello.	224
Cathédrale (ancienne) de Brescia..............	258
— de Chambéry.......................	8
— de Côme..........................	262
— de Milan..........................	49
— de Novare.........................	42
— de Padoue.........................	235
— de Torcello........................	220
— de Turin..........................	26
— de Verceil.........................	39

	Pages.
Cathédrale (nouvelle) de Vérone................	254
— (ancienne) de Vérone....................	253
Ceccato (Lorenzo), peintre mosaïste vénitien......	142
Cendrier, architecte...........................	2
Cène (la), tableau de Léonard de Vinci, à Milan...	96
Chaire de Saint-Donat de Murano...............	217
Chambéry (Savoie)............................	8
Chapelle du château de Chambéry.............	10
— du Saint-Suaire. V. Cathédrale de Turin..	26
Chateau de Chambéry.........................	9
Chœur (clôture du) de la cathédrale de Milan.....	64
Cheminées de Chambéry.......................	11
— de Turin................................	33
Chevaux de bronze de l'église Saint-Marc, à Venise.	135
Chioggia (Vénétie).............................	123
Ciborium de l'église Saint-Ambroise, à Milan.....	82
Cloître de l'église Saint-Ambroise, à Milan......	80
— de Saint-Zénon, à Vérone...............	249
Codex Vercellensis. Manuscrit du ive siècle conservé à Verceil............................	39
Colleoni général bergamasque. Sa statue équestre à Padoue.....................................	162
Colonne de Boigne, à Chambéry................	11
Côme (Lombardie).............................	261
Confrérie ou scuola de Saint-Marc, à Venise......	160
Corso del Re, à Turin........................	33
Corte Minelli, à Venise.......................	118
Crucifix de Donatello dans l'église Saint-Antoine, à Padoue.....................................	233

DES MATIÈRES.

	Pages.
CRUCIFIX en vermeil dans l'église Saint-Marc, à Venise.	145
DANJOY, architecte.	87
DA PONTE, architecte vénitien.	199
DE BOIGNE. Monument élevé à sa mémoire.	11
DE BROSSE, écrivain français. Son opinion sur l'église Saint-Marc, à Venise.	138
DÔMES de Brescia, Chambéry, etc. V. CATHÉDRALE.	
DONATELLO, sculpteur florentin.	233
DORA-GROSSA (via), à Turin.	22
DOUANE autrichienne.	47
DU PAYS, auteur de l'*Itinéraire de l'Italie*.	1, 159
ENTREPÔT des Turcs, à Venise.	209
ESCALIER des Géants, à Venise.	171
ÉVANGÉLIAIRE grec du IXe siècle, à Venise.	195
ÉGLISE d'Aix-les-Bains.	6
— des *Frari*, à Venise. 150, 152, 154,	162
— des Jésuites, à Venise.	172
— la *Madonna dell' Arena*, à Padoue.	235
— La Madone des Grâces, à Milan.	93
— la Madone *del' Orto*, à Venise.	167
— la Madone de la *Salute*, à Venise.	172
— la Madone près Saint-Celse, à Milan.	97
— des *Mendicanti*, à Venise.	151
— du Rédempteur, à Venise. 151,	170
— des *Scalzi*, à Venise.	172
— Saint-Donat, à Murano.	217
— *San Fermo Maggiore*, à Vérone.	253
— *San-Lorenzo*, à Milan.	100

	Pages.
ÉGLISE Saint-Ambroise, à Milan................	67
— Saint-André, à Verceil....................	39
— Saint-Antoine, à Padoue.................	229
— Saint-Fantin, à Venise...................	169
— Saint-*Fedele*, à Côme....................	264
— Saint-Fridien, à Lucques........... 73,	77
— Saint-Gaudens, à Novare................	43
— Saint-Georges-des-Esclavons, à Venise.....	170
— Saint-Georges-des-Grecs, à Venise.... 151,	169
— Saint-Georges-Majeur, à Venise. 123, 151,	170
— Saint-Lazare des *Mendicanti*, à Venise.....	171
— Saint-Nicolas-de-Tolentino, à Venise.. 151,	171
— Saint-Marc, à Milan.....................	90
— Saint-Marc, à Venise.... 119, 122, 123,	127
— Saint-Michel, à Lucques............ 73,	77
— Saint-Michel, à Pavie...................	72
— Saint-Satire, à Milan....................	96
— Saint-Simplicien, à Milan................	87
— Saint-Zénon, à Vérone..................	246
— Sainte-Anastasie, à Vérone	252
— Sainte-*Fosca*, à Torcello.................	220
— Sainte-Justine, à Padoue................	234
— Sainte-Marie-l'*Antica*, à Vérone..........	244
— Sainte-Marie-Formose, à Venise..........	170
— S.-M. *Mater-Domini*, à Venise............	169
— Sainte-Marie des Miracles, à Venise.......	*Ibid.*
— Saints-Jean-et-Chrysostôme, à Venise.....	*Ibid.*
— Saints-Jean-et-Paul, à Venise....... 150,	152
— San *Mosé*, à Venise.....................	172

	Pages.
Église *San Salvatore*, à Venise............................	169
Églises de la haute Savoie...................................	15
Fabriche nuove du Rialto, à Venise........................	151
Faliero (Vitale), doge de Venise. Son tombeau dans l'église Saint-Marc, à Venise..........................	137
Filarète (Antoine), architecte florentin...... 101,	104
Fontaine des merveilles......................................	3
Formentono, architecte brescian............................	260
Forteresse de Saint-André du Lido, à Venise.....	151
Foscari (François), doge. Son tombeau à Venise...	163
Fresques de la chapelle Saint-Félix dans l'église Saint-Antoine, à Padoue...............................	232
— d'Étienne Legnani, à Milan.............................	98
Fusine (Vénétie)..	124
Gaihabaud (Jules), archéologue français..... 233,	250
Galand, architecte..	127
Gallo (Thomas), architecte..................................	39
Gattamelata (statue équestre de), à Padoue.........	234
Gautier (Théophile), auteur d'*Italia*.... 47, 138,	226
Gemunden (Henri de) dit *de Gamodia*, architecte allemand...	61
Giudecca (la), faubourg de Venise........................	123
Giotto, peintre florentin.....................................	235
Gondoles de Venise...	116
Grand-Conseil (salle du), au palais ducal de Venise..	193
Gradenigo (Bartolomeo). Son tombeau, à Venise..	137
Grazia (la), île de la lagune................................	123
Grilles d'imposte à Chambéry..............................	12

	Pages.
GUARINI (le Père), religieux de l'ordre des Théatins, architecte.................... 27, 31,	109
GUILLAUME le Bergamasque, architecte...........	178
HAROU ROMAIN, architecte....................	149
HOPITAL civil à Venise. V. CONFRÉRIE de Saint-Marc.	
— (grand) de Milan......................	101
ILE de Saint-Georges-Majeur, à Venise..........	123
ISOLA BELLA (Lombardie).....................	267
ISOLA MADRE (Lombardie).....................	268
JOYANT (Jules), peintre français, à Venise........	117
JUVARA (Philippe), architecte sicilien.... 26, 29,	264
LAC DU BOURGET............................	2
— de Côme............................	260
— de Garde...........................	113
— Majeur.............................	267
LAISNÉ (Charles), architecte...................	37
LAMPIER de l'église Saint-Marc, à Venise.........	145
LANS-LE-BOURG (Savoie)......................	16
LAZARE (Saint-) des Arméniens, île de la lagune, à Venise...................................	123
LOMBARDI (architecture des)	169
LOMBARDO (Antoine), statuaire vénitien..........	137
LOMBARDO (Martino), architecte vénitien	169
LOMBARDO (Pierre), architecte et statuaire vénitien............ 137, 152, 157, 160, 168,	178
LOMBARDO (*Sante*), architecte vénitien...........	169
LOMBARDO (*Tullio*), sculpteur vénitien....... 159,	169
LEGNANI (Étienne), peintre lombard........ 45,	98

DES MATIÈRES. 283

	Pages.
LEMERCIER (Henri), architecte	111
LÉONARD DE VINCI, peintre vénitien. Son tableau de *l'Institution de l'Eucharistie*, à Milan	96
LEOPARDI (Alexandre), sculpteur vénitien... 137,	159
LIBRERIA-VECCHIA, à Venise. Voir BIBLIOTHÈQUE (ancienne).	
LIDO (le), à Venise................. 123,	202
LOGGIA du Grand-Hôpital de Milan	104
— *degli Osii*, à Milan	107
— ou palais municipal de Brescia	259
LOGETTA du campanile, à Venise......... 151,	182
LONATO (Lombardie)	113
LONGHENA (Balthasar), architecte italien..... 171,	215
LORENZI, sculpteur florentin	99
LUCAS (Achille), architecte	2
LUITPRAND, historien lombard	75
MAISON de Pétrarque, à Arqua	236
MAISONS de Turin.................. 30,	33
— de Venise	205
MARCELLO (Nicolas), doge de Venise. Son tombeau.	159
MARTIN BASSI, architecte milanais	100
MAUSOLÉES. V. TOMBEAUX.	
MAZORBO, île de la lagune, à Venise	124
MÉDICIS (Jean-Jacques), dit le *Medichino*. Son mausolée	63
MELCHIONI (le baron), architecte piémontais	42
MESTRE (Vénétie)	115
MICHEL-ANGE, architecte du tombeau de Jean-Jacques Médicis	64

	Pages.
Michele (Vitale), doge de Venise. Tombeau de sa femme.	137
Mignot (Jean), architecte français.	62
Milan (Lombardie).	49
Millet (Eugène), architecte. 12,	67
Modane (Savoie)	15
Mont-Cenis (Savoie).	16
Mont Rose (Piémont).	30
Mont Viso (Piémont).	30
Monnaie (hôtel de la), ou la *Zecca*, à Venise	151
Moro, architecte vénitien	169
Morosini (cardinal). Son tombeau à Brescia.	258
Morosini (Marino). Son tombeau dans l'église Saint-Marc, à Venise.	137
Morosini (Michel), doge de Venise. Son tombeau	158
Mosaïques de l'église Saint-Ambroise, à Milan	82
— de l'église Saint-Laurent, à Milan.	100
— de l'église Saint-Marc, à Venise.	140
— de Murano.	217
— de Torcello	224
Murano, île de la lagune, à Venise. 124,	215
Musée de Brescia.	256
Narthex de l'église Saint-Marc, à Venise.	129
Nicolas de Pise, architecte. 151, 154, 186,	229
Orseolo (Pietro), fondateur de l'église Saint-Marc, à Venise.	128
Padoue (Vénétie). 115, 124,	229
Palais de Venise.	206
— de l'Académie des sciences, à Turin.	31

	Pages.
PALAIS Barbaro, à *San Vitale*....................	211
— Bevilacqua, à Vérone...................	246
— Caccia, à Novare......................	46
— la Ca' d'Oro, à Venise..................	210
— della Ca' Grande, à Venise..............	215
— Canossa, à Vérone.....................	246
— Capello, à Venise......................	214
— Cavalli, à Venise......................	212
— de' Cavalli, à Venise...................	209
— du Conseil, à Vérone...................	243
— Contarini, à Venise............... 151,	215
— Contarini Fasan, à Venise..............	214
— Cornaro, à Venise.....................	151
— Corner, à Venise......................	215
— Dario, à Venise................... 179,	213
— ducal, à Venise............. 123, 152,	183
— Flangini, à Venise.....................	215
— Giusti, à Vérone.................. 114	246
— Giustiniani, à Venise...................	211
— Grimani, à Venise................. 117	151
— de justice, à Novare...................	46
— Madame, à Turin......................	25
— Maffei, à Vérone......................	241
— Manin, à Venise.......................	215
— Marino, à Milan.......................	108
— Mocenigo, à Venise....................	151
— (ancien) municipal de Côme............	264
— Palatin, à Milan.......................	107
— Pesaro, à Venise.......................	215

		Pages.
Palais	Pisani, à Venise	212
—	della Ragione, à Padoue	236
—	(ancien) de la République, à Brescia	259
—	Rezzonico, à Venise	215
—	des Tours, à Turin	26
—	Trevisiano, à Venise	214
—	Sagredo, à Venise	210
—	Vendramin-Calergi, à Venise	212
—	Zeno, à Venise	151

Pala d'or du maître-autel de l'église Saint-Marc, à Venise.................................. 146
Palazzino Cattaneo, à Venise............. 118, 225
Paliotto d'or de l'église Saint-Ambroise, à Milan. 82
Palladio, architecte vicentin..... 123, 151, 168, 170
Passage de la *Carta*, à Venise.................. 189
Pavement en mosaïque de l'église Saint-Donat, à Murano 217
— de l'église Saint-Marc, à Venise.......... 147
Peintures murales de Saint-Zénon, à Vérone..... 251
Pérodeaud (Jacinthe), architecte................ 21
Peschiera (Lombardie).......................... 113
Piazetta, à Venise............................. 120
Pilori de la place *dell' Erbe*, à Vérone........... 242
Place Castello, à Turin........................ 22
— *dell' Erbe*, à Vérone..................... 240
— des Marchands, à Milan.................. 105
— Saint-Marc, à Venise......... 119, 122, 176
— *dei Signori*, à Vérone.................... 243
Placidie, fille de Théodose. Son prétendu tombeau

DES MATIÈRES. 287

	Pages.
à Milan.	100
Plombs de Venise.	201
Pollack (Léopold), architecte.	58
Pont de Rialto, à Venise.	199
— des Soupirs, à Venise.	201
Porte de la *Carta*, à Venise. 189,	210
— Borsari, à Vérone.	239
— de la sacristie de l'église Saint-Marc, à Venise	146
— *della Verona*, à Venise.	117
— de l'église Saint-Zénon, à Vérone.	250
Porteuses d'eau du Frioul, à Venise.	120
Poveglia, île de la lagune, à Venise.	123
Procuraties Neuves, à Venise. 119, 151, 179,	181
— Vieilles. 119, 177,	178
Psautier du xe siècle à Venise.	195
Puits du Palais ducal, à Venise.	200
Reynaud (Léonce), ingénieur et architecte français.	73
Rizzo (Antonio), sculpteur véronais.	191
Robert (Léopold), peintre français à Venise. 117,	123
Saint-Innocent (Savoie).	4
Saint-Jean-de-Maurienne (Savoie).	13
Sacchi frères, archéologues brescians.	70
Sanita (la), île de la lagune, à Venise.	123
San Micheli, architecte véronais. 151,	237
San Quintino (le comte de), antiquaire. 69,	72
Sansovino, peintre et sculpteur florentin. 146, 168, 169, 181, 182, 192, 214, 232.	260
Scamozzi, peintre vicentin.. 52, 119, 151, 171, 181.	215

	Pages.
SCARPAGNINO, architecte vénitien...............	191
SCUOLA de Saint-Marc. V. CONFRÉRIE.	
SERIGNI, architecte milanais.................	107
SERLIO, architecte bolonais............. 151,	171
SEROUX D'AGINCOURT, archéologue français.. 69,	72
SERVOLO (San), île de la lagune, à Venise........	123
SER-ZUANE, pêcheur de l'île de *San Pietro*, à Venise.................................	226
STALLES en bois sculpté, à Milan..............	98
STILICON, général romain. Son tombeau à Milan...	84
STATUE de saint Ambroise, à Milan..............	106
— de saint Augustin, à Milan..............	107
— d'Ausone, à Milan.....................	Ibid.
— de saint Charles Borromée, à Arona.......	267
— couchée du cardinal Zeno, attribuée à Léopardi................................	137
— équestre de Colleoni, à Padoue...........	234
— équestre de Gattamelata, à Padoue........	Ibid.
— de la Victoire ailée, à Brescia............	256
— assise de saint Zénon dans l'église de ce nom, à Vérone.............................	251
STATUES d'Adam et Ève par Lorenzi, à Milan.....	99
— d'Adam et Ève, à Venise................	191
— de la clôture du chœur dans l'église Saint-Marc, à Venise........................	145
— du dôme de Milan.....................	60
— de la *Loggetta* du Campanile, à Saint-Marc..	182
— de Mars et de Neptune, de l'escalier des Géants, à Venise........................	192

DES MATIÈRES. 289

	Pages.
Statues des deux Pline, à Côme............	262
— de Pline le jeune, de Cornélius Népos, de Vitruve et de Catulle, à Vérone............	244
Stohrer (Christophe), architecte............	57
Suse (Piémont)............................	19
Taglioni (Mademoiselle). Sa villa du lac de Côme..	262
Temple antique, à Brescia.................	256
— de Diane à Aix (Savoie)...............	4
Tibaldi (Pellegrino), architecte milanais, 39, 44, 56, 64.................................	100
Tombeau (ou Mausolée) de Canova, à Venise......	165
— de Castelbarco, à Vérone...............	252
— de Candide December, à Milan..........	81
— du doge Vitale Faliero, à Venise.........	137
— de François Foscari, à Venise............	163
— supposé de Placidie, à Milan............	100
— de Jacques Marcello, à Venise...........	163
— de Jean-Jacques de Médicis, à Milan......	63
— du doge P. Mocenigo, à Venise...........	157
— du cardinal Morosini, à Brescia..........	258
— de Marino Morosini, à Venise............	137
— du doge Michel Morosini, à Venise........	158
— du doge Nicolas Marcello, à Venise.......	159
— de Bartolomeo Gradenigo, à Venise.......	137
— de saint Gaudens, dans l'église de ce nom, à Novare.................................	45
— de Can François de la Scala, à Vérone.....	244
— de Can Signorio della Scala, à Vérone.....	Ibid.
— de Jean de la Scala, à Vérone...........	Ibid.

	Pages.
Tombeau de Mastino II della Scala, à Vérone	244
— supposé de Stilicon dans l'église Saint-Anbroise, à Milan	84
— du Titien, à Venise	164
— de Nicolas Tron, à Venise	164
— de Bertuce Valier, à Venise	158
— du doge André Vendramin, à Venise	158
— du doge Antoine Venier, à Venise	159
— du cardinal Zeno dans l'église Saint-Marc, à Venise	137
Tombeaux romains, à Brescia	257
— des Scaliger, à Vérone	244
Torcello, île de la lagune, à Venise	124, 219
Tour de l'horloge, à Venise	183
Treviglio (Vénétie)	112
Tron (Nicolas), son tombeau à Venise	164
Turin (Piémont)	20
Valentinelli (l'abbé), bibliothécaire de Saint-Marc, à Venise	194
Vallée de Maurienne (Savoie)	14
Vendramin (André) doge de Venise. Son tombeau	158
Venier (Antoine), doge de Venise. Son tombeau	159
Venise	111
Vénitiens (les) d'autrefois et ceux d'aujourd'hui	175
Verceil (Piémont)	38
Vérone (Vénétie)	113, 237
Vicence (Vénétie)	115
Victor-Amédée III, roi de Sardaigne	26
Viollet-le-Duc, architecte	VIII

	Pages.
Visconti (Galéas), duc de Milan..................	61
Vitet (Léon). Son étude sur la prétendue architecture lombarde.......	70
Zecca (la), à Venise. V. Monnaie (hôtel de la)	
Zeno (cardinal). Son tombeau dans l'église Saint-Marc, à Venise.................	137
Zuccato (les frères), mosaïstes vénitiens.........	142

FIN DE LA TABLE.

www.ingramcontent.com/pod-product-compliance
Lightning Source LLC
Chambersburg PA
CBHW052241220526
45471CB00001B/143